大澤正彦
Osawa Masahiko

じぶんの話をしよう。

成功を引き寄せる自己紹介の教科書

PHP

主義的な展開を採用しないところに物語のおもしろさがあり、価値があると思うのです。

それと同じで、過去に経験したどんな出来事も、その人の物語の重要な要素です。その一つひとつを丁寧に**物語の中に位置づけながら、自分が主人公の物語に落とし込んでいく**のが、「自己紹介を考える」という作業でもあるわけです。

『ONE PIECE』の例を挙げましたが、いかにも主人公らしい王道ストーリーだけが物語ではありません。「自分はヒーロー漫画の主人公にはなれない」と戸惑いを覚えた人も、安心してください。

誰がどう見ても王道主人公に見える存在ですら、視点を変えたら脇役です。いろいろな視点から、自分を脇役にしてみたり、ちょっと変わった主人公にしてみながら、いろいろな物語を楽しんでほしいと思っています。

最高の脇役になるために

自己紹介のいいところの一つは、「自分は主人公になれなかったな」と思っている人が、**「こういう主人公もありだな」と思えるような物語を作ることができる**ことです。あるいは、主人公は荷が重いと感じるなら、別の人が主人公の物語に脇役として登場するところから始めても構いません。

むしろ私は、自分を脇役としてとらえる自己紹介を実践しています。「この人という主役を引き立てる最高の脇役になるためには、自分はどんな自己紹介をすればいいだろうか?」と。

主人公であれ脇役であれ、あなたが唯一無二の存在であることに変わりありません。「こんな自分もありだな」と思えるようになるのは、自己紹介の特筆すべき力でしょう。

「自己紹介を考える」ということは、人生という名の物語を丁寧につくっていく作業です。その物語は、過去に閉じられたものではありません。未来にも開かれています。つまり、過去を物語として落とし込んだ人は、未来の物語を紡いでいく準備ができている人といえるのです。

学生にはよく話すんです。「ジャンプ漫画に負けないくらいの物語を、自分の人生でつくっていきたいですね」と。

「自己紹介ができない」と言う人の特徴

自己紹介ができない学生を見ていると、自分が生きてきた約20年間を自分なりに意味づけできていない人が多いように思います。

そういう学生は、自分のことがあまりよく分かっていません。「あなたの好きなことは何ですか？」「得意なことは？」と聞いても、「いや、特に何もないです」と返す学生はとても多いのです。

しかし、よくよく聞いていくと、対戦アクションゲームがものすごく強いとか、野球選手のホームラン数を覚えているとか、その人ならではの特技が必ず出てきます。にもかかわらず、自分で自分の特技に「意味のないもの」とレッテルを貼っているので、自分の特技が分からなくなっているのです。

あるいは、**その能力に〝特技〟というラベルを貼ってもいい、ということを単に知らないだけ**なのかもしれません。

みなさん決まってこう言います。「こんなの、何の役にも立ちません」と。でも、私に言わせれば、役に立てる方法を自分で思いついていないだけだと思うのです。

物事にちゃんとした意味を求めがちな社会の風潮も、学生たちにプレッシャーを与えているのかもしれません。「やりたいことは何？」と聞かれると、社会的に意義が認められていて、将来の役に立って、しかも自分が得意なもので……と、限定された「やりたいこと」を要求されている気になってしまうようです。

しかし、社会的に意義を認めさせるのも、将来役立てるのも、自分がそれを「やりたいこと」と決めた後にすることです。

一方、自己紹介ができる学生は、自己理解が進んでいます。自分の好きなことや嫌いなこと、得意や不得意、何をやりたいかなど、自分のことがよく見えています。それは、自己紹介を通して自分の過去に向き合い、一つひとつの経験を丁寧に意味づけしてきたからでしょうね。

次に紹介するのは、学生Bさんの自己紹介です。自分にとことん向き合った結果、コンプレックスだと思っていたことが、実は自分の強みだったことが分かったと言います。

> 自分には夢がないことがコンプレックスでしたが、自己紹介の練習をしてみて分かったことがあります。私はいろんなことに挑戦したいし、どんなチャンスも逃したくない。一つの夢に絞れないから「夢がない」と思っていたけれど、これは夢がないんじゃなくて、「欲張り」なんだと。
>
> だから、私の夢は究極の欲張り人間になることです。それを掲げて大学生活

を半年過ごしてきて、自分のコンプレックスが自分の強み、魅力になったことで、自分のことが好きになれたし、決断にも迷わなくなりました。究極の欲張り人間を目指すことで、わくわくも増えました。

マイナスにとらえていた自分の一面に、プラスの意味づけができたことで、自分で自分のことを認められるようになりました。「自分の価値」を自分で決めたBさんからは、未来に向かう前向きなエネルギーが感じられます。

チャンスを逃さない力

自己紹介を通して自己理解が進むと、チャンスが巡ってきたときに、チャンスを逃さなくなります。

夢ややりたいことが明確なので、目の前にチャンスが訪れたら、「今がそのチャンスだ！」「このチャンスはこう活かせる！」と気づいて、瞬時に行動することができるのです。

「チャンスを逃さない」。これは「チャンスをつかむ」とは少し違います。

「チャンスをつかむ」というと、挑戦の数を増やして「チャンスをつかみにいく」というイメージがあります。攻めて、攻めて、攻めまくる感じでしょうか。それももちろん素晴らしいことだと思います。

私はどちらかというと、**自分の価値軸に従って、自分が輝ける場所で、自分にとって最適な「攻めどき」に気づけること**を大切にしています。それが「チャンスを逃さない」という言葉に込めた意味です。

リンカーンの名言に、「もし、木を切るのに8時間を与えられたら、そのうちの6時間を私は斧を研《と》ぐのに使うだろう」というものがあります。徹底的に準備をすることの大切さを表現していますが、私はこの言葉が好きです。

自己紹介を考えることも、私は準備だと思っています。

自分の過去に向き合い、自分なりの意味づけをしておくことは、未来への準備ととらえることができます。この準備がしっかりできていると、不意にチャンスが訪れたとしても、そのチャンスをどう活かせばいいかを瞬時に判断して、自分の力に変えていくことができるのです。

自己紹介をひたすら練習してきた前出の学生Bさんも、チャンスを逃さない力を蓄えてきた一人です。

私が愛知県豊田市で開催された地域共生社会推進全国サミットで、講演を行なったときのことです。

興味をもったBさんは自費で夜行バスに乗りサミットに参加しました。私が講演のなかで自己紹介の重要性や実践例を話すので、講演後の懇親会で「自己紹介ではどんなことを話すのですか？」と参加者の方々から質問を受けます。そこで、「実際に学生の自己紹介をお聞きになればわかると思います」とBさんに振ったのです。

すると、Bさんは自己紹介をその場で披露し、参加していた地元の市長さんたちの心をわしづかみにしました。

そして、ある市長さんから、「その話を30分できるようになったら、中学校で講演をお願いしたい」とオファーを受けるに至ったのです。ここぞという場面で魅力的な自己紹介をして、チャンスを引き寄せたのは見事でした。

今はまだ夢がない……という人は

自己紹介に取り組み始めたばかりで、自己理解が進んでいなくて、まだ自分の夢、やりたいこと、専門性などが明確でない人もいるでしょう。

これらが明確でなければ自分のことを語れないかというと、そんなことはありません。

自分の「なりたい姿」や「ありたい姿」を身近なところで一旦決めてみて、仮の自己紹介で自分のことを語りながら、自分の夢や専門性を見つけていくこともできます。

つまり、自分の未来をつくる一歩を踏み出すために、自己紹介を活用することもできるのです。これが従来の自己紹介にはなかった、本書で紹介する自己紹介の特長かもしれません。

仮で設定する夢は、そんな大げさなものではなく、何でもいいと思っています。なんならクジで決めてもいいし、ダーツで決めてもいい。大事なのは、仮置きした自分の未来像に向かって実際に行動を起こすことです。

私がまだ学生だったあるとき、後輩のCさんから「自分には夢がないんです」と相談を受けました。居酒屋だったので、私はメニューを目の前に置いてCさんに言いました。

夢なんて何でもいいんだよ。試しにこれから目をつぶって、あなたが指差したものがあなたの夢であり、専門性ということにしよう。

Ｃさんが指差したのは、「４８０円」の値段表示でした。そこで、私は次のように伝えます。

これから１週間、あなたは４８０円の専門家です。４８０円のために生きることを実践してみてね。

さて、１週間後。Ｃさんがイベントに現れて、こう自己紹介しました。

私は４８０円の専門家です。どんな悩みも４８０円で解決してみせます。

そして、４８０円で買えるもののリストを武器に、いろいろな人のいろいろな悩みを４８０円で買えるもので解決するという素晴らしいパフォーマンスを見せてくれたのです。その場は大いに盛り上がりました。

自分の夢や専門性は、最初はこれくらい「何でもいい」んじゃないかと思っています。「これと決めている状態」が重要で、決めたところから人生が動き出していくからです。

Cさんは、「480円の専門家になる」と決めたことで、480円で人を幸せにできるスキル、すなわち一生役立つスキル——宴会芸、と言えなくもないですが（笑）——を1週間で身につけることができたのです。

夢は〝壮大なもの〟とは限らない

叶えたい夢というと、多くの人は「一生かけて追い求める壮大な夢」や「変わることがない確かな夢」を想像するようです。そして、いつまでもその夢に近づけない自分自身に落胆したり、「そんな立派な夢は自分にはない」とあきらめたりします。

運命的な夢に出合ってこそ、夢と呼べる。そんなプレッシャーを自分にかけているとしたら、それは誤解です！

私は小さい頃からドラえもんをつくるのが夢で、それをずっと追いかけてきました。私の場合、たまたま夢が持続しただけで、夢を変えることができなかっただけです。

「それだけ長く追いかけられないとだめだ」というプレッシャーになって、「自分の夢が分からない」と足踏みしているのは、もったいない。**迷って足踏みしているくらいなら、翌週には変わるかもしれない夢でも仮置きして**おき、自分によりフィットする夢が見つかった段階で乗り換えればいいと思います。

「なりたい姿」や「ありたい姿」と聞くと、ついかしこまって考えてしまいがちですが、「私はこの食べものが好き」「私はこのゲームが好き」くらいの気軽さで考えてみてもいいと思うのです。

私は面談や面接の場でも、緊張していたり、言葉に迷う学生には「好きな食べ物はなんですか？」と質問したりします。すると案外、気軽に答える学生も多いものです。「好きな食べ物を答えるくらい気軽に、夢ややりたいことを語ってみてくださいね。好きな食べ物って、何を答えても批判されない安心感がある質問だと思います。夢ややりたいことだって同じで、何を答えたって私たちは批判することはしませんから」と伝えると、安心して話してくれることも少なくありません。

誰もが身構えずに、自分のなりたい姿やありたい姿を語れるようになれたら素敵ですし、それこそが私が自己紹介で目指しているところでもあります。

補足すると、仮置きした夢や専門性は、途中で変わっても問題ありません。ドラえもんをつくる夢がアトムに変わってもいいし、サッカー選手になる夢が「やっぱり医者になりたい」に変わっても、480円の専門家を始めてみたけれど、興味が持てなければやめてしまっても構いません。

途中での離脱や方向転換は、決していい加減なことではありません。自分の興味関心が他に移ったあとも、「夢は一生追いかけるもの」と思い込んで自分を縛ることのほうがずっと自分を苦しめます。

その時々で「夢」と掲げるものに対して、それに近づけるように行動することで、未来がつくられていきます。

自己紹介を練習するのは不誠実か

「自己紹介を練習しよう」と言うと、否定的な反応を示す人がいます。そういう人たちは、「自己紹介を練習しても、それは単なる上辺《うわべ》だけのもので、本質をごまかしている。だから自己紹介を練習すべきではない」と主張します。

この本を手に取ってくださっている時点で、もしかしたらそういう方は少ないのかもしれませんが、少なからずモヤモヤが残っている方もいるかもしれないと思うので、少しだけお話ししておきます。

どういうことかというと、例えばプログラマーの場合、「プログラムを書く能力」と「その能力を人に伝える能力」があるとします。両者は独立していて、前者を

〝本質〟、後者を〝上辺〟ととらえる人が多いのです。

これは日本の学校教育の影響も大きいと思います。日本の教育では、文部科学省が定めた学習指導要領に沿って、決められた正解をいくつ答えられたかで学力が測られます。

正解を積み重ねることが〝実力〟の証明であり〝本質〟だと思ってがんばってきた人にとって、自分の〝実力〟を言葉で表現しようとする自己紹介は、「やるべきことをやれていない人の逃げ道」、上辺だけであり不誠実であるというわけです。

実際、上辺だけの自己紹介に遭遇することも多いので、そのようにとらえられるのも仕方がないのかもしれません。本当に上辺だけの自己紹介なら、練習しないほうがいいでしょう。ハッタリだけうまくなっても、人生がうまくいくとは限らないからです。

それらしい夢にしない

大澤研で自己紹介の研修を担当する学生Dさんは、自分の体験談としてこう語っています。

情報セキュリティなんて全然興味ないのに、自分に嘘をついて自己紹介を考えたら地獄だった。

というのも、Dさんは最初、「私は情報セキュリティに興味があります」と自己紹介していました。ところが、しばらくして気づいたと言います。
「情報セキュリティに興味がある」というのは、自己紹介をそれらしく成立させるための嘘だった。実際には情報セキュリティに興味なんてなかったのだ、と。

それをきっかけに、Dさんは自分の過去に向き合い始めました。自分はどんな人生を送ってきたのだろうか、と。ふり返ると、小中学生の時は親の転勤で転校が多く、そのたびに新しい環境に飛び込んで馴染んできたそうです。

「新しい場所に飛び込んでいくのが自分は得意なんだ」と気づいたDさんは、それを自己紹介で話すようになり、自分の強みを活かしてＲＩＮＧＳや大澤研でいろんな取り組みに積極的に参加し、成果も上がるようになりました。

彼に憧れてさまざまな活動に励む後輩学生もいたりして、大澤研やＲＩＮＧＳで影響力のある存在になっていきました。

自分のことを正直に話すから、自分の強みを活かしながら、つながりたい人とつながって、チャンスが舞い込んできます。そのためには、自分が大切にしている価値観や信念、**自分が本当にやりたいことを伝えられているのか、自分の肚《はら》落ち感に妥協しないこと**が大切です。

厄介なのは、かつてのＤさんのように、本人自身も自分がついた嘘に気づいていないことが多いことです。

だからこそ、本章の冒頭で紹介した自己紹介合宿のように、夜が明けるまでお互いに質問し合って、肚落ちするところを探っていく必要があります。

話が抽象的に流れるか、具体的に深まるか

それに、上辺だけの自己紹介は大体、聞けば分かるものです。

あるパネルディスカッションに招かれたとき、「あなたの夢は何ですか？」と他のパネラーに尋ねました。１人は地元企業の経営者で、次のようなやりとりでした。

Q．あなたの夢はなんですか？
A．地元に貢献することです。
Q．なぜ貢献したいのですか？
A．それは僕の情熱だからですね。

Q．なぜそこに情熱が湧き上がってくるのですか？

A．それは人生だからですね。

このやり取りを読んで、みなさんはどう感じるでしょうか。

質問されるたび、話が抽象的になっていくことに気づくと思います。上辺だけで辻褄《つじつま》を合わせようとすると、話が抽象化に向かいます。

質問に対してうまく返すことが目的になっているので、間違いではないところをグルグルと回るだけで、話が一向に深まらないのです。

もう1人、地元の大学生にも同じ質問しました。

Q．あなたの夢はなんですか？

A．地元のPRをやりたいです。

Q．なぜそう思うのですか？

A．過去に〇〇という体験があって、地元のことをもっと知ってもらいたいと思ったからです。

Q．地元のどんなところを知ってもらいたいのですか？

A．私は◯◯というところが大好きで、こういうところを知ってほしいです。

こちらはどうでしょうか。聞けば聞くほど具体的な話や原体験が出てきます。自分にとことん向き合ってきた人は、こうなります。

本気で考えている人と、ハッタリで話している人の違いとして、質問に対してより抽象的な言葉で返ってくるか、具体的な言葉で返ってくるか、で見極めることができます。

話が抽象的に流れるか、具体的に深まるかで、その人の自己紹介が上辺だけのものなのか、本質につながったものなのかが分かります。

自己紹介を否定的にとらえる人に伝えたいのは、自分の本質から外れた、上辺をよく見せるためだけの自己紹介なら、しないほうがいいでしょうということです。

かといって、本質を究《きわ》めた人は、自己紹介をしなくていいかというと、そうではありません。その人の本質をみんなが理解してくれるわけではないからです。

自分の本質を言語化し、分かりやすく伝える自己紹介なくして、チャンスを引き寄せることはできません。

次章では、私がこの本で伝えたい自己紹介について詳しく解説していきます。

第2章

自己紹介とは○○である

- □ プレゼンテーション
- □ 商品紹介
- □ 意思決定の指針
- □ アンテナ
- □ 呪い
- □ 物語
- □ 発想法
- □ 勇気
- □ 未来予測
- □ 仮説検証
- □ お守り
- □ プラチナチケット

自己紹介とは、プレゼンテーションである

私たちのプレゼンテーションの定義

「自己紹介とは、プレゼンテーションである」。これは自己紹介研修の最初に伝えていることです。

では、プレゼンテーションとは何か。その定義もしなければなりませんね。

私の定義は、情報を伝えることで、相手に特定の行動を起こさせること。

一般的なプレゼンテーションの定義とは異なるかもしれませんが、文字や映像などの情報を伝えることで、それを受け取った人にどのような行動をとってほしいのか。そうした目的が背後にあり、その目的のもとに行なわれるものがプレゼンテーションだと私は考えています。

その意味では、この本を書くことも、この本にタイトルをつけることも、プレゼンテーションととらえることができますよね。この本にもタイトルにも、そこに込められたメッセージを受け取った人たちに「どのような行動をしてほしいか」という目的があるからです。

「相手に特定の行動をとってもらう」という目的があるから、プレゼンテーションにおける成功／失敗の判定は明らかです。

相手が特定の行動を起こせば成功、起こさなければ失敗。そのどちらかであり、中間はありません。

仮に10人をターゲットにしてプレゼンテーションを行ない、そのうちの６人にこちらの望む行動をとってもらえたら、成功率は60％と考えています。

自己紹介はプレゼンテーションである。

そう考えれば、誰に、どんな情報を、どんなシチュエーションで伝えることで、どんな行動を起こしてほしいのか。これらを事前に徹底して考えておく必要があります。

また、自己紹介が成功したのか、失敗したのか、その結果もはっきりしています。

普段から考えていれば、成功確率が高い

しかし、ほとんどの人は初対面の人と会うとき、相手にどのような行動をとってほしいのか、を考えて自己紹介をしていないかもしれませんね。そんなこと思いつきもしなかった、という人がほとんどでしょう。

自分の夢ややりたいことは何か、それらを実現するには何が必要かを、普段から考えていないので、その出会いがもたらすかもしれないチャンスを活かす準備ができていないのです。

つまり、チャンスを無駄にしている状態です。

自己紹介を練習しておけば、自分の夢や人生の目的は何で、そのためにはどんなチャンスがほしいのかを、普段から考えて整理しておくことができます。

いつ、いかなるシチュエーションで、誰に出会っても、その一瞬一瞬の出会いを大切にして、チャンスにつなげることができるのです。

しかも、世の中で行なわれる企画提案プレゼンテーションであれば、「これから提案します。私の提案を聞いて審査してくださいね」と相手に迫り、相手を身構えさせるのに対し、**自己紹介はもっと気楽な状態で始めることができます。**

また、プレゼンテーションには競争相手がいる場合も多いですが、自己紹介には競争相手はいないことがほとんどです。

その意味で、フラットに聞いてもらえる自己紹介は、プレゼンテーションとして仰々しく設けられた場より成功確率が高い可能性すらあります。

誰かと出会うたびに、毎回プレゼンテーションの機会をもらえると考えれば、その機会を活かさない手はありませんよね。

自己紹介における目的設定、ターゲット設定、シチュエーションの想定については、第3章で詳しく解説します。

自己紹介とは、商品紹介である

知識は力

商品を売る営業の人は、相手に商品のことを知ってもらうために商品紹介をします。自社商品のことをよく理解していなければ営業はできません。

私は学生のとき、百貨店のバレンタイン期間限定ショップで6年間アルバイトをしていました。

自分が担当するチョコレートを熟知しておくのはもちろん、お客さんの話を聞いて、「それだったら、あちらの売場のほうがいいですよ」とニーズに合わせて提案できるように、ほかの売場を含めたすべてのチョコレートのことを勉強しました。

私の場合は夢中になりすぎて、それくらい徹底してやっていましたが、知識が多ければ多いほど引き出しが増えて、さまざまな角度から戦略を立てて、最適なコミュニケーションをとることができます。知識は力になるのです。おかげで、年に一度の期間限定ショップにもかかわらず、お得意様がたくさんついて売場の販売実績がその地域でナンバーワンになったこともありました。

自分という一番大事な商品

知れば知るほど有利なのは、自分についても同じです。

自分のことをよく知り、人に説明できるくらい言語化した状態のときに初めて、全力で自分のことを売り込むことができます。

営業であれば、途中で取り扱う商品が変わって、またゼロからその商品について勉強し直すこともよくありますが、自分という商品は一生付き合っていくものです。

自分という一番大事な商品を紹介するのに、自分をどれだけ深く理解しても理解しすぎることはありません！

自己紹介とは、意思決定の指針である

選択に悩まなくなる

私は「ドラえもんをつくる」という自己紹介ができるから、人生の意思決定に悩むことが人よりずいぶん少ないと思います。

例えば、人生にはいろんな選択肢があります。どちらに進むべきか迷う場面も多くあります。私には、言語化された夢があるので、「どちらの選択肢がドラえもんに近づけるだろう？」と自問自答して、自ら道を選ぶことができます。

つまり、自己紹介で語る夢や目的、やりたいことなどが常に意思決定の指針の役割を果たしてくれるので、人生の選択に悩まないのです。

これは、第1章でBさんが言ってくれていたことです。

Bさんは、「究極の欲張り人間になる」という目標を立てたからこそ、「どっちが欲張り人間になれるだろう？」と自問自答して、「こっちだ！」と選択できるようになった。決断に迷わなくなったし、学生生活でわくわくが増えたと言います。

指針があれば迷わずに済みますが、指針がなければ、どちらを選ぼうか迷うのは当然です。人生に迷わないために、自己紹介の練習をして夢を言語化しておくことはとても有効な手段なのです。

こうした指針は、日常生活でのちょっとした場面での判断基準にも使うことができます。

やれと言われたこと以外にも

例えば、自己紹介を練習している私の学生たちは、夢ややりたいことが明確なので、自分の夢に近づくためなら必須である私の授業ですら「サボる」という選択をして、大手IT企業のイベントに参加したり、企業へプレゼンしに行ったりしています。

授業をサボると聞くとよくないイメージかもしれませんが、私は、本人が自分で判断し、決めたことなら、授業をサボることも大いに結構だと思っています。

「やれと言われたことをやる」習慣が染みついている学生は多いように思えます。やれと言われたことをやるのも、一つの価値軸なので否定はしません。しかし、その価値軸からは「授業をサボる」という発想は生まれないでしょう。

一方、自分の中に指針があれば、ただ単に「やれ」と言われたからやるのではなく、その指針に照らし合わせたうえで「やる」を選択することができます。あるいは、「やれ」と言われたけれども、「こっちのほうが大事」と思えるものがあれば、そちらを選ぶこともできます。

自分で判断して行動を選ぶ。

授業に出るにしても、自分で判断して「授業に出る」を選ぶ。

このことが大事です。自己紹介ができる人は、それができる人です。

その意味で、堂々と私の授業を欠席することや、欠席してまで得たいものを語ってくれる学生のことを心から尊敬していますし、それをキラキラした顔で伝えにきてくれることを本当にうれしく思っているのです。

エラーと修正をくり返していく

夢ややりたいことがなければ指針も持てないわけで、くり返しになりますが、夢は何でもいいのです。夢がないからと足踏みをしているくらいなら、とりあえずの夢を指針にして、その指針にもとづいて行動しましょう。

仮に、あなたも「ドラえもんをつくる」を自分の夢としてみてもいいんです。「どちらを選択したらドラえもんをつくれるだろう？」という基準で日々意思決定していくと、そのうちエラーが起きます。

ドラえもんをつくるならこちらの選択肢だけれど、自分はあちらを選びたいな。

自分の内なる欲求に気づいたら、仮設定した指針を自分に合ったものへ最適化するチャンスです。

選びたいほうを自分の新しい指針にして、意思決定をくり返していきます。エラーと修正をくり返していくうちに、自分の肚落ちする指針に辿り着くはずです。

指針がさし示す方向に、あなたの夢があります。

自己紹介を練習すれば、指針ができて人生に迷わない。そのうえ、普段から指針をブラッシュアップしていけば、おのずと夢が見つかっていく。自己紹介を練習すると、そんないいことがあるのです。

自己紹介とは、アンテナである

受信力も鍛えられる

自己紹介の練習を通して、自分の指針ができて、それを言語化できるようになると、自分にとって大切な情報に気がつきやすくなります。

つまり、自己紹介を練習すると、発信力だけでなく、受信力も鍛えられるのです。

分かりやすい例を出すと、車の購入を検討している人は、街で車を見かけたときに「この車いいな」とすぐに気づきます。これが「アンテナが立った」状態です。

私の場合、一見してドラえもんと関係ない話のように思えても、「あ、これって実はドラえもんの話じゃないか！」と気づいたりします。

先日もテレビをつけた瞬間に、「アートというのは、アート作品の中にアートがあるわけじゃなくて、それを見ている我々の中にアートがあるんだよ」という言葉が流れてきたのをキャッチして、「それ、ドラえもんの心と同じだ！」とアンテナが反応しました。

つまり、ドラえもんというロボットの中に心を実装するというよりは、ドラえもんとかかわる我々の中にドラえもんの心を実装するための研究アプローチ（詳しくは前著『ドラえもんを本気でつくる』をご参照ください！）をずっと考えてきたのですが、私の理論を深めるヒントがアートの世界に落ちているのかもしれないという気づきを得ました。

このように、自分は何に興味があって、何をやりたいのかが整理された状態では、同じ情報を受け取ったとしても、自分の文脈に合わせて気づきが増えていきます。これがとても大事なことだと思います。

情報へのアンテナだけでなく、人へのアンテナも敏感になります。特に、人との出会いをきっかけに新しいプロジェクトが創出されるよう設計されたＲＩＮＧＳのようなコミュニティにおいて、人へのアンテナは重要な意味を持ちます。

自己紹介の準備＝思考の準備

自己紹介を練習すると、人に自分のことを話せるだけではなく、「自分がどんな人と出会いたいのか」「どんなことを学びたいのか」「どんなプロジェクトをやりたいのか」という思考の準備ができていきます。

だからこそ、**「一緒に新しいことができそうだ」と思えるような人と出会うと、ピンとくる**わけです。

逆に、その準備ができていないと、素晴らしい自己紹介を聞いても「素晴らしいな」で終わってしまい、せっかくの人との出会いを活かすことができません。

自己紹介は、これから無数にある人との出会いを「運命の出会い」に変えるための、自分自身の運命アンテナを丁寧につくっていく作業ともいえるのです。

思い出してもらえるように

私は自己紹介をするとき、相手に〝呪い〟をかけるつもりでやっています。

相手がドラえもんを見たら、つい大澤を思い浮かべてしまうという呪いです。

その人が、帰りの地下鉄で私のことを思い出したら、私の勝ちです。

駅に貼られたポスターにドラえもんが描かれていて、それを見た瞬間に私のことを連想したら、私の自己紹介が効いたということです。

大澤研の研究員が冗談交じりに言うのです。

帰宅途中の地下鉄でドラえもんを見ると、つい研究のことを考えてしまう。

直接的なキーワードに触れたときだけでなく、**関連する何かのきっかけで私のことを思い出してくれる**こともあります。

ChatGPTが流行し始めたときは、「ChatGPTすごくない？　ドラえもんもマジでできるのかな」といったメッセージをたくさんの方からいただきました。

一生忘れられなくする〝呪い〟をかけるのも、自己紹介で目指すところです！

ほしい情報が集まってくる

これができたら、夢に近づくチャンスがものすごく広がります。

なぜなら、「これは大澤にとって有益だろう」と思われる情報が、みんなから送られてくるようになるからです。

例えば、ドラえもんの特別切手が発売されるとニュースが流れれば、私の夢を知る人たちから「ドラえもん切手が発売されるらしいよ」とメッセージが届きます。

たとえもう知っている情報だったとしてもすごくうれしいし、私にドラえもん関連の情報を送れば喜ぶことが分かっているので、みんな安心して情報を送ってきてくれます。

ですから、たとえ自分から情報をとりにいかなかったとしても、ほしい情報が集まってきます。

自分の知らなかった情報や、自分では入手困難な情報など、希少価値が高く有益な情報も手に入る可能性が高まります。

自己紹介とは、**物語**である

人は物語に魅了される

　自己紹介をしても、相手に響かないことがあります。その理由は、自己紹介に物語性が欠けているからかもしれません。

　既に興味を持ってくれていれば、自分の経歴や業績を羅列しただけでも耳を傾けてくれますが、自己紹介は残念ながらそうではないケースが多いものです。

　「あなたのことを知りたい」と意欲的ではない人にも、自然な流れで自分のことを知ってもらい、特定の行動を起こさせようとするのが、自己紹介なのです。

　歴史をふり返ると、物語が大きな役割を果たしてきました。人は、物語を使って共感し合ったり、団結したり、あらゆることを成し遂げてきたわけです。

　宗教が人を動かしてきたのも物語の力です。小説やドラマ、アニメなどが多くの人を惹きつけるのも、結局、人は物語に魅了されるからです。

失敗や挫折という伏線回収

自己紹介も同じで、人の心を動かして、こちらの望む行動を起こすためには物語が必要です。「人生」という物語に、人は心を動かされるものです。

自己紹介という物語においては、失敗や挫折も魅力的な要素になり得ます。

私の話をすると、私は大学進学の時に〝挫折〟しています。ドラえもんづくりが夢だった私は、東京工業大学の附属高校に通い、東工大への内部進学を目指していました。

ところがそれが叶わず、指定校推薦で慶應義塾大学に進学することになりました。もちろん慶應に進学できたことはうれしかったのですが、当時の私の心を打ち砕いたのは東工大と慶應の〝文化差〟でした。

慶應では、あまりのカルチャーの違いに衝撃を受けます。それまで「技術だけが人生」だったので、キラキラした雰囲気についていけずに強い挫折感を味わいました。

しかも、一般入試を受けた同級生との能力も全然違っていて、微分積分の手計算ができなかったり、英語の実力テストは10段階で1番下の判定だったりしました。けれども、入学した後に大学入試用の教材を買って必死に勉強しながら、もがきながら文化のようなものを身につけて、ようやく今のスタイルに辿り着きました。

そして慶應に入学した当初の挫折を乗り越えたからこそ、人とのつながりの中で新しいものを生み出すという発想に転換されていきました。

その延長線上に、「一人ひとりがキラキラ輝くコミュニティからドラえもんをつくりたい」と考える今の自分がいる。このようにとらえ直すことで、失敗や挫折といった〝伏線〟を回収していることになります。

そして、この経験を伝えることで、東工大への内部進学を希望してそれが叶わなかったことを誰も失敗とは見なくなると思うのです。まさに自分にとって過去が変ったと言えるのです。

自分の人生を愛せるような物語に

人生での伏線回収を丁寧に行なっていけば、失敗や挫折の数だけ人生の厚みが増した、魅力的な物語を持つ自己紹介になると思います。

失敗や挫折を〝黒歴史〟として隠したい気持ちも理解できますが、「黒歴史はすべて恥ずかしいもの」と、自分の人生から消去しているなら、**黒歴史の中から一つでも二つでもプラスにとらえ直して、自己紹介という物語の中に位置づけてみては**という提案です。

もちろん、過去を隠すか、それとも物語の一部として取り入れるかは、人それぞれ。いまだに向き合うのが苦しい過去を、無理に取り入れなくても構いません。

定期的に自分の人生を点検して、「今の自分ならこれは物語に取り入れられるかもしれない」と思えるものをゆっくり拾い上げて、自分の人生に正直に、そして自分の人生を愛せるような物語を取捨選択してみてほしいと思います。

自己紹介とは、**発想法**である

選べるなら後手で

一対一の自己紹介において、先手か後手かを選べるとしたら、自己紹介の上級者は「後手」を好みます。私も相手が自己紹介したあとに話したい派です。

なぜなら、後手のほうが、相手の自己紹介の文脈に合わせて自分の自己紹介ができるからです。

ただし、後手のほうがより大きな成果を生みやすい一方で、頭を使うので疲れます。疲れている時は、先手必勝です。

ここで、ちょっとした実験をしてみましょう。私から質問をしますので、考えてみてください。

ここにタオルがあります。これまでにない新しいタオルの使い方を、提案してください。

いかがでしょう。何かアイディアは浮かびましたか？

では、質問を変えます。また同じように考えてみてください。

ここにタオルとボールペンがあります。2つを組み合わせて、これまでにないタオルとボールペンの使い方を提案してください。

こちらはいかがでしょう。何かアイディアは浮かんだでしょうか。

この実験で試してほしかったのは、タオル単体で考えるときと、タオルとボールペンの組み合わせで考えるときと、どちらがアイディアを出しやすいかということです。

実際に本書の制作チームで試してみたところ、タオル単体ではあまりアイディアが出ませんでしたが、タオルとボールペンの組み合わせで考えると、次のようなアイディアが出ました。

・タオルを投げて、そこを目がけてボールペンをダーツのように投げる
・タオルに書くことができるペンを開発して、メモタオルとして売り出す
・ボールペン型タオルを開発して、胸ポケットに入れることで、タオルやハンカチを忘れても困らないようにする

タオルとボールペンの組み合わせのほうが考えやすかったという方も多いのではないでしょうか。

アイディアを出すのに慣れている人は、タオル単体で考える時に、別の何かと組み合わせて考えていたという方もいるかもしれませんね。

でも、考えてみると不思議です。単体で考えるほうがアイディアの自由度が広が

りそうなのに、何かと組み合わせて自由度に制限をかけたほうが、アイディアは出やすくなる――。

つまり、制約があると的を絞ることができて、アイディアが出やすくなるのです。

相手ができることと絡める

これは、自己紹介においても同じことが起きます。

自分について話すときよりも、相手の自己紹介をふまえて、「2人でこんなおもしろいことができそうだ」と考えながら話すほうが、特徴的でおもしろい自己紹介になります。

例えば、私が出版社の編集者に自己紹介するなら、「ドラえもんの本を一緒につくりませんか？」と、提案を絡めた自己紹介ができるかもしれません。

自己紹介の上級者が、後手を好む理由がお分かりになったでしょうか。

誰かと出会うたびに、「相手にはこんな才能と能力がある」「自分にはこんな才能と能力がある」という二つの組み合わせから新しいプロジェクトが生まれ、やりたいことが広がっていく。これはもはや、発想法に近いと思います。

プロジェクトを必ずしもすべて実現させる必要はありません。

自分と相手の共通点を見つけ出し、新たな切り口で自分を見つめ直すことに意味があります。

誰かと会うたびに、自分がどんな価値を出せるのかを一つでも見出せたら、自分にはこんなに多角的な価値があったのかと新たな自分を発見することができそうです。

キーワードで共通点と相違点を見つける

発想法的な自己紹介は、初めての人でも体験できるように、30～40分でできる授業内のワークとしてパッケージ化しています。

初めて会った学生同士が、「自分は何者か」を一言で表したキーワードとともに簡単な自己紹介を考えて、まったく別のキーワードを持つ人と自己紹介し合い、２人だけの斬新なプロジェクトを考えるというものです。

最近は、２つのキーワードを掛け合わせたアイディア出しにChatGPTを活用することで、アイディアの幅が広がっています。機会があれば周りの人と試しにやってみるときっと楽しいです。

自己紹介しているだけなのに、お互いの共通点や相違点から新しい価値が生まれます。

「一緒にこんなことができたらおもしろいですね」という会話が生まれ、協働の可能性を秘めた種がまかれて一石二鳥です！

自己紹介とは、勇気である

勇気は原動力

自己紹介するには、勇気がいります。

自分のことを言語化して、言い切ることの勇気です。

「自分はこれです」と言い切ることは、「これ」と決めると同時に、それ以外を切り捨てることでもあります。

例えば、高校生が「理系の道に進む」と決めるとき、それは同時に「文系の道を捨てる」ことを決断し、宣言することでもあるわけです。これは、人によってはかなり勇気のいることかもしれません。

私もよく、「ドラえもん縛りの人生は大変ではないですか？」と聞かれます。ドラえもんをつくること以外の選択肢を捨てた人生は苦しくないのか？　と気遣ってくれているわけですが、私の場合、記憶がないくらいの幼いときにそういう人生を選んでしまったので、それほど大変とは思っていません。ただ、ドラえもんをつくる人生と決めずに生きてきて、ある時そう決めようとするなら、相当な勇気が必要だっただろうと想像します。

「自分はこれです」と言い切る勇気を持つだけで、人生を前に進める原動力になります。しかし、なかなかこの勇気を振り絞れない人が多いのではないでしょうか。

方向転換はプラスの価値がある

第1章でも触れましたが、「これ」と言い切ったからといって、その道で一生やっていかなければならないわけではありません。

自己紹介を練習すると、方向転換もそんなに悪くない、むしろプラスの価値があることに気づきます。方向転換した数だけ、自分の独自性が光り始めるのです。

先述の480円の専門家の話を思い出してください。

居酒屋のメニューから偶然「480円の専門家になる」と決めて、それを実践したら、1週間で「480円でどんな悩みでも解決できる能力」を身につけました。これは、「100人に1人の逸材」と言ってもいい能力だと思います。

仮に、そのあと方向転換して、別の専門家として1週間を過ごしたとします。100人に1人の逸材になれる能力を、もう1つ獲得できるかもしれません。100人に1人の逸材になれる能力が2つあれば、それを掛け合わせれば「1万人に1人の逸材」です。3個あれば「100万人に1人の逸材」、4個あれば「1億人に1人の逸材」になれます。

つまり、1週間ごとに方向転換すれば、1カ月後には「日本でたった1人の逸材」になれるという計算です。ちょっとざっくりすぎる計算かもしれませんね。ただ、方向転換のたびに新しい能力を獲得し、それらを掛け合わせていけば、そのうち唯一無二の存在になれます。これはすごいことです！

ふり返って、点と点をつなげる

私の話をすると、私もこれまでいろんなことに挑戦してきました。学生時代には児童ボランティアに携わり、6年間の百貨店のアルバイトも経験しました。それらの経験をすべて活かして、今は人工知能の研究をしています。ボランティア先の幼稚園でデータを収集し、そのデータをロボットに組み込んだり、ものを売るＡＩを企業と共同研究をしています。

自分の歩んできた履歴をいかに組み合わせて独自性を出すか。その意味で、人生の方向転換は自分の独自性を磨く絶好のチャンスなのです。

スティーブ・ジョブズの有名な言葉に「connecting the dots（コネクティング・ザ・ドッツ／点と点をつなげる）」があります。２００５年のアメリカ・スタンフォード大学の卒業式で行なったスピーチで、ジョブズは学生にこう語りかけました。

将来をあらかじめ見据えて、点と点をつなぎ合わせることはできない。けれども、後からふり返れば点と点がつながって、人生において実を結ぶこともある。だから今やっていることが、いずれ人生のどこかでつながって役立つことを信じてやるしかない。

行動してきた履歴は、必ず人生の糧《かて》になる。ジョブズのメッセージに私も共感します！

人によってやり方は違う

ジョブズが「コネクティング・ザ・ドッツ」と言ったのに対し、孫正義さんは「登る山を決めろ」とよく言います。つまり、早く自分の山（ゴール）を決めて、その山を一気に登れ。そうしないと、辿り着く到達点が低くなる。これが孫さんの考えのようです。

つまり、同じように偉人であっても、人によってやり方は違います。

また、「すごい人がこうやっているから、こうでなければいけない」と考えるのも違うと思っています。いろいろなやり方の中で、自分に合うものを見つけていくことが大事なのだと思います。

話を戻すと、今の私があるのは、「ドラえもんをつくりたい」と幼少期に言い切り、そのために必要な行動の数々をとってきた結果であり、また、興味を持ったことは自分の中に押し込めずチャレンジしてみて、ドラえもんをつくる人生の中に丁寧に位置付けてきた結果です。コネクティング・ザ・ドッツと、登る山を決めろの合わせ技ですね！

自己紹介で「私はこれです」「私はこれをやりたい」と言い切る勇気は、きっとあなたの人生を前に進めてくれます。

自己紹介とは、未来予測である

「予想どおり、予想外でした」

近年の急速に進展する科学技術の前では、もはや未来予測は当てになりません。どれくらい当てにならないかは、例えば人工知能の専門家の予測がこれまでことごとく外れてきたことからも明らかです。

２０１５年、人工知能学会の全国大会が函館で開催されました。約２０００人の研究者が集まり、１週間かけてさまざまなテーマで議論する大きな学会で、当時修士１年生だった私も参加しました。

その年の目玉は、囲碁ＡＩとプロ棋士の対決企画でした。ＡＩはまだ人間に勝てるほど強くなく、結果はプロ棋士の圧勝でした。

囲碁でＡＩが人間を超えるのは10年先だろう。これが当時、人工知能の研究者が結論づけた未来予測でした。

しかし、その予測はその年のうちに破られます。囲碁ＡＩがヨーロッパチャンピオンを倒し、翌年には世界チャンピオンを倒したのは周知のとおりです。

最近、私が取材でよく聞かれるのが、「ChatGPTを予想していましたか？」という質問です。「予想どおり、予想外でした」と答えるようにしています。

つまり、「予想できないことを、予想していました」。「予想できなかったので、予想どおりです」ということです。

未来予測＝意思

では、未来予測はすべて当てにならないのかというと、例外があります。

それが、自己紹介です。「私はドラえもんをつくります」と自己紹介するとき、そこには「自分が成し遂げるんだ」という強い意思があります。

そうであれば、ドラえもんを「つくる」「実現する」という私の未来予測は、信じるに値するものであると思うのです。

『NARUTO』の主人公ナルトは、「火影《ほかげ》になる」と言って、火影になりました。「海賊王に俺はなる!!!」と豪語している『ONE PIECE』の主人公ルフィも、きっと海賊王になるのでしょう。そんな確信がありますよね。そういうことと同じなのです。

そこに意思があるかどうかが重要であって、もし意思があるなら、望む未来をつかみ取るように動いていく。もし**意思がなければ、その未来予測はまったく当てにならないもの**になります。

自己紹介には、「私はこれを成し遂げたい」という意思を込めることができます。だからこそ、自己紹介は、当てになる未来予測といえるのです。

自己紹介とは、仮説検証である

「明日のお昼はラーメンが食べたい」と仮説を立てたら

私たち研究者は、研究のメインプロセスである仮説検証に多くの時間を費やします。

まず、「こうかな？」と仮説を立て、それを確かめるための実験を行ないます。期待する結果が得られれば「仮説が支持された」ことになり、そうでなければ「仮説は支持されなかった」ことになります。

仮説が支持されなかった場合、「この仮説は間違っていた」と結論づける前に、考えるべきポイントが3つあります。

①「仮説」は適切だったか

②仮説を確かめるための「実験」は適切だったか
③仮説を成立させるための「前提条件」を満たしていたか

このように書くと、仮説検証は難しそうだな、と思われるでしょうか。しかし仮説検証は、誰もが普段の生活の中で行なっているものです。ここでは、「明日の昼ご飯」を例に説明してみますね。

「明日の昼ご飯は何が食べたいですか？」と聞かれたら、あなたは何と答えますか？「ラーメンが食べたい」と答えたなら、それがあなたの仮説です。「私は、明日の昼ご飯にラーメンを食べると、おいしく感じるだろう」という仮説です。

仮説を立てたらぜひ、検証してみてください。翌日のお昼、あなたはラーメンを食べます。それが仮説検証になります。

食べておいしかったら、仮説が支持されたということ。おいしく感じなければ、仮説は支持されなかったということです。次に、その原因を探るための分析に入ります。

実際に食べたかったかどうか検証

まず、①「仮説」は適切だったか。

そもそも「ラーメンなんて食べたいわけではなかった」という場合は、仮説自体が間違っていたことになります。では、本当は何が食べたかったのでしょうか。新しい仮説を立て、その仮説を検証していきます。

ですがその前に、そもそも今回の検証はうまく設計されていたのかを注意深く観察すべきです。すなわち、②仮説を確かめるための「実験」は適切だったか、を検証します。

仮に、ラーメンを食べる30分前にチャーハンを食べていたとしたらどうでしょうか。既にお腹が一杯の状態でラーメンを食べてもおいしく感じられないのは当然なので、「実験が適切ではなかった」と結論づけられます。その場合、再度、適切な実験条件で仮説を検証します。

実験が適切だった場合、③仮説を成立させるための「前提条件」を満たしていたか、を検証します。

仮に、あなたが「ラーメンを食べたい」と思ったときの「ラーメン」は、「醤油ラーメン」を想定していたとします。

ところが、友達に連れていかれた店は豚骨ラーメン専門店でした。この場合、「ラーメン＝醤油ラーメン」という「前提条件を満たしていなかった」ために、おいしく感じられなかった、と結論づけられます。

これについても再度、仮説を「醤油ラーメンを食べれば、美味しく感じる」と修正して仮説検証を行ないます。

このプロセスをまわしていくと、仮説やその前提条件が次第に洗練されていきます。

ここまで読んで、お昼ご飯は何でもいい、仮説検証なんて大袈裟だ、と思われたかもしれませんね。

でも、「明日何食べたい?」と聞かれて、「何でもいい」と答える人は、仮説検証を放棄してしまっていることになります。

ラーメンを食べて「おいしくなかった」としても、自分の次の行動や選択につながるような考察は何も生まれず、「今日はラーメンじゃなかったんだな」で終わってしまいます。

自分はどういう食べ物が好きで、どういう状況で食べるとおいしいと感じるのか。自分のことをよく理解し、自分にとって適切な行動をとれるようになるには、日頃の仮説検証が欠かせないと私は思います。

自分の人生に仮説を立てること

「私はこういう人間です」「私の夢はこれです」といった自己紹介をつくることは、自分の人生に仮説を立てることだと思っています。

そして、**実際に自己紹介をしたり、自分の価値軸に沿って行動したりすることで、その人生の仮説を検証していく**のです。

どういうことか、ここで具体的に説明してみますね。

１３０ページで解説しますが、自己紹介では、「シチュエーション」「ターゲット」「目的」を決めます。「このシチュエーションで、このターゲットに、この行動をとってもらう（＝目的）ことを果たすためには、○○を伝えればよい」。これが仮説です。

実際に自己紹介をしてみると、さまざまなフィードバックがあります。ターゲットがその行動を「とった」のか、「とらなかった」のか、そのフィードバックが仮説検証には欠かせません。

ターゲットが特定の行動をとらなかった場合、目的は達成されず、その仮説は支持されなかったことになります。その原因を分析する際、先ほど紹介した仮説検証の３つのポイントを応用することができます。

適切だったかどうか

まず、①「仮説」は適切だったか。

そもそも、〇〇を伝えてもターゲットには響かなかった、という可能性もあるでしょう。その場合、「〇〇を伝えればよい」という仮説は適切ではなかったといえます。では、何を伝えればよかったのかを考えて、新しい仮説のもとで再度検証します。

次に、②仮説を確かめるための「実験」は適切だったか。

適切な状況で〇〇が伝えられていれば、こちらが期待する行動をとってもらえるはずだったのに、例えば聞いている人の集中力が途切れてしまい、話の内容が伝わる状況ではなかったとします。

この場合、仮説は適切だったけれども、実験が適切ではありませんでした。相手の集中力が高い状態で再度自己紹介をしてみて、フィードバックを確かめます。

最後に、③仮説を成立させるための「前提条件」を満たしていたか。

単に○○を伝えるだけでは伝わりづらく、その前に××を伝える必要があった、という気づきがあるかもしれません。

その場合、「次からは、××を伝えた後に、○○を伝えるという流れで自己紹介をしよう！」と自己紹介をアップデートしていきます。

自己紹介に修正を加える

このように、仮説どおりに目的を達成できなかった場合、どこに原因があるのかを考えて、新しい仮説のもとで自己紹介に修正を加え、それを試してみます。

自己紹介→フィードバック→自己紹介のアップデート→フィードバック→自己紹介のアップデート……のサイクルが回り始めれば、自己紹介もおのずと洗練されていきます。

特に最後の「前提条件」のアップデートを繰り返すことで、自己紹介を魅力的な伝わりやすいストーリーへと変化させていくことができます。仮説検証のプロセスを回していくと、仮説の立て方が次第に上達していきます。

検証する力が鍛えられていく

研究を始めたばかりの大学生が、研究において仮説が支持される確率は10本に1本くらいか、もっと少ないかもしれません。

ところが、修士課程になると5本に1本とか、博士課程になると3本に1本とか、確率が徐々に上がっていくものです。仮説検証をくり返していくうちに、仮説を立てる力、検証する力そのものが鍛えられていくのです。

自己紹介も同じです！

最初のうちは、完璧な自己紹介でなくてもいいし、自信作でなくても構いません。**とりあえずの仮説から始めてみて、仮説検証のプロセスを回しながら、自己紹介を洗練させていけばいいのです。**

自己紹介を仮説検証と考えれば、「完璧な自己紹介をしなくては」と身構えることなく、気楽に始められますね。

自己紹介とは、**お守り**である

話すことが得意じゃない人こそ

自分から話すのが得意ではなかったり、人見知りなところがある人にとっては、自己紹介は〝お守り〟になります。

新しい出会いを求めて、新しい場所に飛び込んでいくとき、その場所で自分に何ができるか分からない、何か質問されたらどうしよう……慣れていないうちはどうしても不安に感じてしまいますよね。

そんなときこそ、自己紹介のフレーズを一つのパターンでもいいので持っておく。それがお守り代わりになるというわけです。

例えば「ドラえもんをつくるのが夢です」のように、自分が何者かを伝えられる一言があれば、初めての場所にも飛び込む勇気が湧いてきます。

運がよくなる⁉

また、自己紹介を練習していくと、自分は今どういう人と出会いたいのか、どういう人とは今は距離を置きたいのか、なども自然な形で自己紹介に乗せることができるようになります。

「近づきたい（引力）」と「近づきたくない（斥力《せきりょく》）」を自在に設計できるのです（詳細は第3章で）。

すると、自己紹介をするたびに、自然と近づきたい人が近寄ってきて、近づきたくない人は遠ざかっていきます。

つまり、出会いたい人と出会える確率が高くなります！

その意味でも、「自己紹介は、運がよくなるための〝お守り〟である」とも言えます。

自己紹介とは、**プラチナチケット**である

どこへでも飛び込んでいける

いろんな角度から「自己紹介とは何か」を語ってきましたが、この章のまとめとしてお伝えしたいのは、「自己紹介とは、プラチナチケットである」ということです。自己紹介をお守りとして携《たずさ》えれば、どこへでも飛び込んでいく勇気が湧いてきます。飛び込んだ先で出会いたい人に出会い、ほしいチャンスを手に入れることもできる。つまり自己紹介は、夢に近づくためのプラチナチケットなのです！

また、自己紹介ができれば、自分で飛び込んでいくだけでなく、**チャンスに出会えそうな場所に連れていってもらえる機会も増えていきます。**

実際に大澤研やＲＩＮＧＳでは、自己紹介ができる学生から外部のイベントに連れ出しています。

自己紹介の練習を通して、自分の夢ややりたいことが言語化できている人には、「この場所に連れていくと彼／彼女にとってプラスになりそうだ」と、こちらからも具体的なサポートができます。

相手も安心感を抱く

また、「彼／彼女が一緒に来てくれたら何か役割を果たしてくれそうだ」という安心感もあります。

自分の人生の物語を語れる人を連れていけば、周りから感謝されます。「おもしろい人を連れて来てくれた」と。「この人を連れていきたい」と思われる人になることができれば、その人の人生は加速度的に動いていきます。

自己紹介は、自力で、あるいは周りの人に導かれて、夢へのチャンスをつかみやすくなるプラチナチケットなのです。

第3章

戦略的自己紹介のつくり方

この章では、自己紹介の準備や設定の仕方を具体的に説明します。

以降は、私が大澤研や授業で教えている、上手な自己紹介の構成要素です。これらの要素を意識して自己紹介を練習すれば、誰でもある程度のクオリティの自己紹介ができるようになります（なるといいな、わくわく）。

大澤研紹介のプレゼンテーション

実例があったほうが理解しやすいので、私の自己紹介を例に出して説明していきましょう。

例示するのは、日大着任が内定したあと、大澤研究室を立ち上げるにあたり、ゼミ生募集のために行なった研究室紹介のプレゼンテーションです。

実は、そのときの状況は少し特殊でした。

私はまだ博士課程に在籍中で、学内の会議日程の事情で、学生に向けて自分の名前を名乗ることができなかったのです。対象となる約80人の学部2年生（当時）は、初めて見る名前も名乗らない人間の「私の研究室に入ってください！」というプレゼンテーションを聴いてもらう状況となりました。

私のプレゼンテーションの順番は、他の先生たちの研究室紹介が終わった最後です。

通常、新任教員の研究室は人気がありません。どんな先生か分からないので、学生たちからすれば選ぶにも不安があるから当然ですよね。

そうした不利な立場を5分間の「自己紹介」で引っくり返す——これが、このときのミッションでした。

戦略と、自己紹介の3要素

自己紹介を考えるときに、**自己紹介をした先の未来で何を目指したいのか、何が**

起きたらうれしいのか、目的や夢のようなものを普段から整理しておくとよいと思います。

そのうえで、目指したい未来を実現するために、どのような戦略のもとに自己紹介を位置づけるのかを考えていきます。

私の場合、目指すのは、「日大を日本一の大学に」することです。

学生一人ひとりが自分の輝ける価値軸を見つけ、仲間と協力しながら創造的な活動を行なうことで、日本一価値の生まれる場所にしたい。そのために私は日大の教員になりました。

当然、いきなり一手で日大を日本一にすることはできませんから、一つずつ着実に進んでいく必要があります。

そこで大澤研で価値創出の成功例をつくり、それを学部全体、さらに日大全体に展開していくというロードマップを考えました。

その第一歩となるのが、大澤研の立ち上げだったのです。

では、「日大を日本一の大学に」を実現するための足掛かりとして、大澤研をどのような研究室にしたいのか。

私は、価値創出の成功例を最短で生み出すために、機動力が高く、思い切った動きができるような学生たちと一緒に独自性の高い研究室をつくりたいと考えました。これが「日大を日本一の大学に」を目指すうえで私がとる最初の戦略ということになります。

人生の目的や戦略、と聞くと難しく感じるかもしれませんが、これらを普段から考えておくと、急に自己紹介することになっても、「自分はこうなりたい」という意思を持ってコミュニケーションをとることができます。

目の前にチャンスが訪れたときに、チャンスを逃すことなく、魅力的で効果的な自己紹介ができるのでおすすめしています。

もちろん、人生の目的や戦略を考えていなくても、第1章で述べたように「とりあえずの夢」を仮置きして自己紹介することもできます。

人生の目的や目指したい未来、戦略を考えるには、このあとで紹介するOKRを活用するとよいでしょう（174ページ参照）。

戦略が決まったら、その戦略に基づいて自己紹介を組み立てていきます。

自己紹介で考慮すべき基本要素は、次の3つです。

①ターゲット
②目的（ターゲットにとってほしいアクション）
③シチュエーション

どのターゲットに、どんなアクションを起こしてもらうために、どのシチュエーションで自己紹介を行なうかを考え、整理していきます。

3要素の解説に進む前に、私が実際に大澤研の紹介プレゼンテーションとして行なった自己紹介を見ていただきましょう。

一つ留意していただきたいのは、この自己紹介は特定の戦略に基づいて構成されていて、万人受けを狙ったものではないので、人によって受ける印象は異なると思います。

「好き」か「嫌い」かの感覚を研ぎ澄ませながら読んでいただくと、このあとのターゲットの説明が理解しやすいかもしれません。

大澤の自己紹介例

２０２０年から研究室を持ちます。テーマは人工知能です。今日は私の顔や名前を覚えるとか、人工知能に興味を持ってもらうとか、私の研究室を希望してもらうということは一切、望んでいません。

みなさんに一つだけお願いしたいことがあります。

《公式ＬＩＮＥを作ったのでアカウント登録してください》

以上です。

……と言いたいところですが、いただいた時間が4分半も残っているので、ちょっとした雑談をして帰りたいと思います。

多くの大学で、多くの学生は、新任教員の研究室を希望しません。なぜでしょうか。その答えは、生命38億年の歴史に隠されています。

もともと生物というのは、見知らぬものや見知らぬ環境に出会うと、どう思うかというと……死ぬ。と、思うんですね。知らないものにかかわると死ぬリスクが高いから、近づかないのです。

でも、安心してください。今、私の研究室に入っても死にません。だから大丈夫です。ぜひ入ってください！

……と言われても、やっぱり身構えますよね。分かります。

実際の価値と感じている価値のギャップを「認知バイアス」と呼びます。認知バイアスの典型的な例が、「吊《つ》り橋効果」と呼ばれるものですね。もしみなさんに好きな人がいて、告白したいなら、吊り橋の上で告白してください。成功率が上がります。

なぜなら、「認知的不協和の解消」という現象が起きて、吊り橋の上にいるからドキドキしている場合でも、自分が相手のことを好きだからドキドキしていると思い込んで、「好き」という感情が捏造《ねつぞう》されることがある、といわれているからです。このように、正しい価値を判断できないのが生物の性質なんです（注：実際の研究での実験を脚色しています）。

さて。ではみなさんは、新任教員の価値を正しく判断できないのでしょうか。みなさんは新人教員の価値を正しく判断したいと思いますか？

正しく判断するには、おすすめの方法があります。

それは、「単純接触効果」と呼ばれるものを活用することです。何回会っても死ななければ、「この人は危険じゃない」と判断するようになっていきます。

ですから、対象を正しく判断するには、接触する回数を増やすことが大事です。

というわけで……

《公式LINEを作ったのでアカウント登録してください》

私との接触回数を増やせば、正しい価値を発見できるようになるでしょう。はい今、登録してください（QRコードをスライドで示しながら）。

あと、もう少しだけ時間がありますね。では、ここまで、認知バイアスとか、吊り橋効果とか、認知的不協和の解消、単純接触効果といった話をしましたが、実はこれらは私の研究にとても関係性の強い概念なのです。

私はどんな研究者かというと、人の知能の本質的な仕組みを理解して人工知能に組み込んでいけば、新しい人工知能ができるはず、ということを考えている研究者なんですね。神経科学や認知科学などの研究を人工知能に活かすということをやっています。

そんな私の夢は、ドラえもんをつくることです。ミニドラみたいなロボットを作っていて、こんな感じで動きます。

こういった研究にもし興味を持っていただけるようであれば、《公式LINEを作ったのでアカウント登録してください》（QRコードを示しながら）。

以上が、私の自己紹介の例です。

次からは、自己紹介をつくるうえで考慮すべき3要素（ターゲット、目的、シチュエーション）を説明していきます。

この3要素を考えるのに、決まった順番があるわけではありません。

また、場合によっては、このうちのいくつかの要素が既に決まっていることもあります。

例えば、私の例でいえば、学部2年生約80名が集まる場で、顔馴染みの仲のいい教員の話を聞き終わった後、最後に名前も顔も知らない私から「研究室紹介」の話を5分間聞く、というシチュエーションが決まっていました。

そのシチュエーションに対してターゲットと目的を明確に定めていく作業を行な

いました。

あるいは、「この人にアプローチしたい」とターゲットが決まっている場合は、そのターゲットにアプローチするのに適切なシチュエーションと目的を考えることになります。

戦略が決まっていれば、ターゲット、目的、シチュエーションの、どの要素からでも自己紹介を組み立てていくことができます。この柔軟さや機動力の高さも、私たち流自己紹介の特長だと思っています。

では、130ページで書いた、①ターゲットから順に見ていきましょう。

ターゲットを明確にする

ターゲットを考えるとき、「自己紹介を聞いている人すべて＝ターゲット」と思うかもしれませんが、必ずしもそうではありません。

戦略と自己紹介の3要素

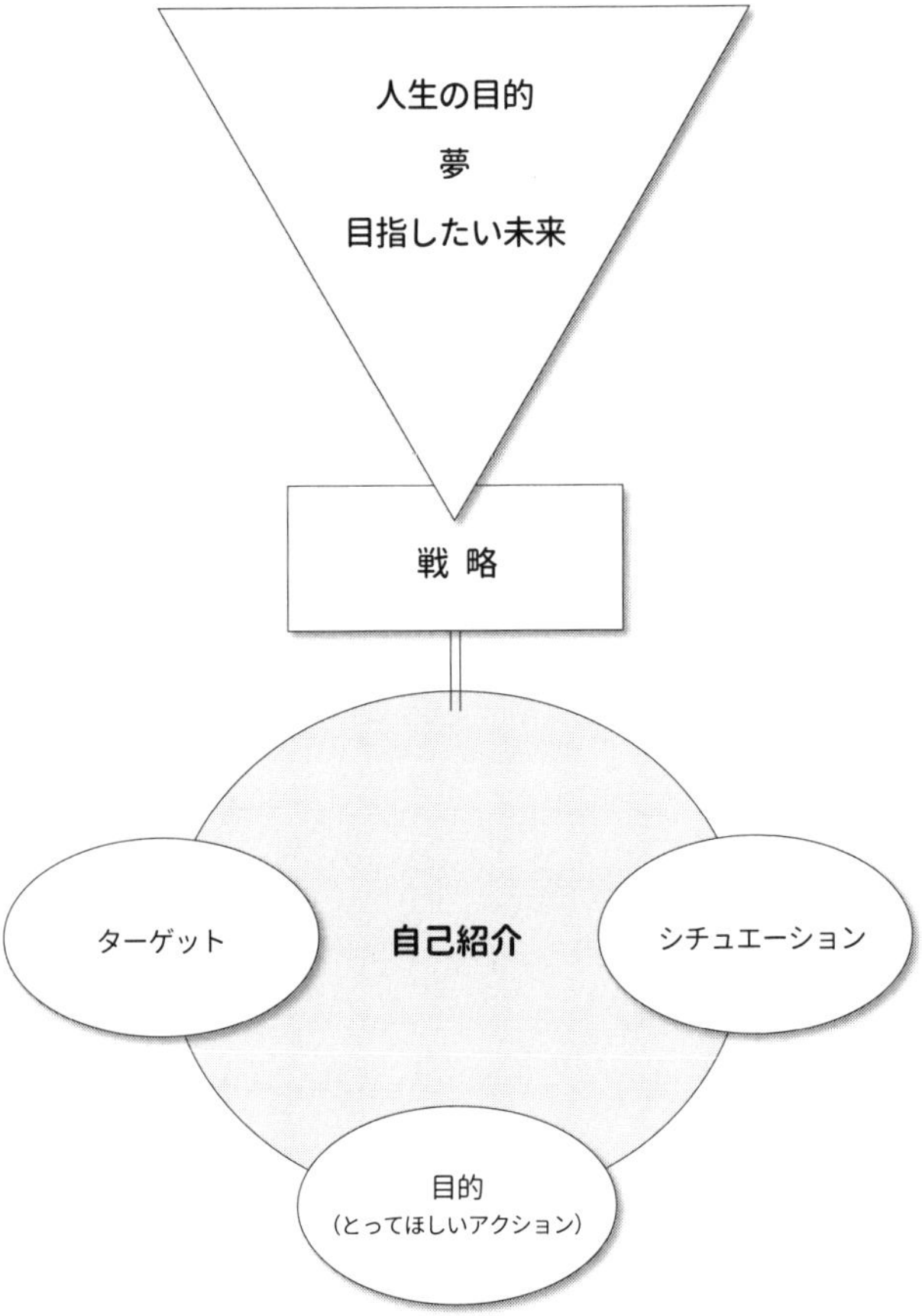

聴衆に対して自己紹介して、全員に特定の行動をとってもらいたいということも、ときにはあると思います。でも一方で、その中にいるであろう「この性質を持った10人」が反応してくれればOK、という場合だってあるはずですよね。

自己紹介を聞く人の中で、目指す未来を実現するための戦略に合致するターゲットはどういう人たちだろうか。どのような性質やバックグラウンドを持つ人たちに、「この自己紹介を聞いて反応してほしいのか。聴衆の中に何％かいるであろう「真のターゲット」を明確にしたうえで、その人たちに刺さる自己紹介を逆算して組み立てていきます。

前出の私の例でいうと、ターゲットは学生なら誰でもよかったわけではありません。

くり返しになりますが、私は日大を日本一の大学にしたいという野望を持って日大に着任しました。我ながら大きな目標だと思います。

そして、大澤研究室をその壮大な目標への第一歩と位置づけていたわけですから、大澤研のゼミ生募集には、「この目標を一緒に実現してくれる1期生を選ぶ」という意味合いもあったのです。

大きな目標を実現するには、スタートダッシュが肝心です。最初から活動的に動いてムーブメントを起こしていかないと、大きく広がっていかないだろうと考えていました。

そのためには、思い切ったチャレンジができる学生を集めたかったのです。

もちろん、慎重で思慮深いことはとても良いことですし、一般にはそのようなタイプの学生に入ってきてほしいと考える先生は多いと思います。

しかし当時、私が求めた学生はそうではなく、「とりあえずやってみよう」「よく分からないけれど、おもしろそう！」と未知の世界にも飛び込んでいける学生が望ましいと考えました。

海のものとも山のものとも分からない私の目標を信じて、その目標に向かって一緒にムーブメントを起こせるのは、チャレンジを恐れないタイプの学生だと思ったからです。

ターゲットの明確化は、ターゲットが誰か特定の1人の場合でも必要な作業です。この場合、「ターゲットのことをよく理解する」「ターゲットの解像度を上げる」と言い換えることができます。

例えば、あるプロジェクトのキーパーソンであるA部長にアプローチしたい場合、ざっくりと「A部長」としてとらえるのではなく、「どのような性質やバックグラウンドを持ち、何が好きで何が嫌いなA部長」なのかを、可能な限り言語化しておくことをおすすめします。

それによって、次に説明する「引力と斥力」を効かせることができ、また、その人への自己紹介に適した「シチュエーション」も設定しやすくなります。

つまり、ターゲットであるA部長のことをよく理解しておけば、A部長の心に響く自己紹介をすることができるというわけです。

引力と斥力を設計する

ターゲットが明確になったら、ターゲットとなる人だけを惹きつけられるよう、自己紹介に落とし込んでいきます。

すなわち、121ページで少し触れた「引力」と「斥力」の設計です。

引力は「ターゲットを惹きつける力」、斥力は「ターゲット以外を遠ざける力」を指します。どのような自己紹介であれば引力と斥力が働くのかを考えていきます。

私の自己紹介でいえば、思い切ったチャレンジができ、未知の世界に飛び込める人を惹きつけるにはどうするか、逆に、慎重で思慮深い人にとって魅力的に映らないようにするにはどうするか、を考えました。

引力と斥力の設計は、自分が自己紹介を受ける立場になって考えてみると、ヒントが得られるかもしれません。

先ほどの私の自己紹介を思い出してください。あなたが学生だったとして、大澤研に入りたいと思いますか？　それとも、入るのをためらいますか？

入りたいと思った理由は何ですか？　入るのをためらった理由は何ですか？

あの自己紹介に対する反応は、「胡《う》散《さん》臭さ」にどのように反応するかで二分される、という仮説を立てました。

つまり、「胡散臭さ」にポジティブに反応する人と、ネガティブに反応する人がいる。その2つの反応を「引力」と「斥力」として設計できると考えたのです。

その仮説のもと、何かおもしろいことが始まりそうなわくわく感や期待感を全体的にちりばめながらも、徹底的に胡散臭く、あやしげな雰囲気をつくり込みました。

具体的にいうと、ゼミ生募集のための自己紹介でありながら、研究室に関する詳しい説明は一切しませんでした。

例えば、ミーティングは週に何回とか、ゼミではどんなことを学ぶとか、大澤研に入ったら自分が何をするのか想像がつくような安心感とは無縁なプレゼンテーションにしました。

最初に学生に伝えたのは、次のことだけです。

「今日は私の顔や名前を覚えるとか、人工知能に興味を持ってもらうとか、私の研究室を希望してもらうということは一切望んでいません。みなさんに一つだけお願いしたいことがあります。公式ＬＩＮＥを作ったのでアカウント登録してください。以上です」。明らかに胡散臭いですよね（笑）。

これを聞いて、「なんか胡散臭いな」「あやしそう」「不安だな」と思う人は、おそらく大澤研に入ろうとは思わないでしょう。これが斥力の働かせ方です。

逆に、「なんかおもしろそう」と引き寄せられる人には、胡散臭さは斥力にはならず、むしろ引力として働きます。結果的に、挑戦に特化した、機動力抜群の1期生に集まってもらうことができました。

大きすぎる私の夢を普通に理解してもらおうとすれば、半年や一年はかかってしまったかもしれません。それを最初のミーティングから受け入れてもらって、一緒に活動する中でその真意を理解していってもらうというスタイルで研究室を始められたことは、その後の大学でのチャレンジの基盤となる大きな成功要因でした。

この例からも分かるように、どんな人に対してどんな言葉や表現が引力になるのか、斥力になるのか、これらを考えながら自己紹介を組み立てていくことが大切です。

大事なことなのでくり返しますが、慎重で思慮深いことは、とても素晴らしい資質です。しかし、当時はまだ慎重なタイプの学生たちが安心して参加できる環境を用意できていなかったので、「今はまだ、つながるタイミングではない」と判断し、ターゲットとはしなかった、ということです。

やがて、2期3期と年を追うごとに、慎重で思慮深い学生が活躍できる土台が整ってきました。今の大澤研の紹介プレゼンテーションはあの頃とは変わってきています。

同一人物に対しても、引力と斥力を働かせる

今、述べたのは、ターゲットとそれ以外に対して引力と斥力を働かせるやり方ですが、同一人物に対して引力と斥力を働かせることもできます。

例えば、一緒に仕事をしたい人がいて、「自分に仕事を依頼してほしい」と考えているとします。かといって、自分が興味のない仕事や、やりたくない仕事をたくさん振られてもうれしくないですし、都合よく使われる便利屋のような存在にもなりたくありませんよね。

こういう場合、**「便利屋のスタンスではない」ことを伝えるために、斥力を働かせます**。そのうえで、自分がやりたい仕事で協働できる環境をつくり出すために、引力を働かせてみます。

例えば、「忙しい」という言葉。普段、何気なく使いがちですが、伝え方次第では、自分が望むような斥力をデザインできる便利な言葉です。

「最近どう?」と聞かれて、「毎日忙しくて、寝る暇もない」と挨拶代わりに口にすることがあります。

すると相手は、「そうか、忙しいならあまり邪魔しちゃ悪いな」と思うでしょう。「忙しい」は、会いたくない相手と会わないための口実には便利な言葉といえます。

しかし、一方で、会いたい人までも遠ざけてしまうリスクがあるので注意が必要です。私は、会いたい人には「忙しい」と言わないように気をつけています。つい口が滑って言ってしまうことも少なくなくて、よく反省をしていますが。

どうしても忙しくて、そう伝えざるを得ない時は、「今はどうしても忙しいのですが、来月ぜひ会いたい!!」のように、「忙しい」を斥力にしない工夫が必要だと思います。

また、「忙しい」という言葉を使わずに、やんわり斥力を働かせることもできます。

こんなチャレンジやあんなチャレンジをさせていただいていて、毎日が充実しています。

こう言えば、忙しそうな印象を相手に与えることができます。

「この人は忙しそうだ」と思えば、相手も便利屋のようにあれこれ依頼しにくくなるでしょう。

ただし、斥力を働かせすぎても、仕事の依頼をためらわせてしまいます。そこで、「自分の興味関心に合致した仕事であれば、一緒にやらせてほしい」とピンポイントで引力を働かせるにはどうすればいいでしょうか。

私なら、「こういう仕事をあなたと一緒にやりたい」と具体的に伝えます。

自分のやりたいことを具体的に伝えて、それが相手の目的に合致すれば、**自分のやりたい仕事でその人とつながることができる**というわけです。

ついやりがちなのが、「何でもやりますので、言ってください」と自分を安売りし相手に近づくこと！　これをすると、相手から仕事を依頼されるかもしれませんが、自分が求める引力を発揮できずに、便利屋という自分にとっては好ましくない状況を呼び寄せてしまいかねません。

目的を決める

誰に向けてアプローチするのかが決まったら、そのターゲットに「どんな行動をとってほしいのか」を決めます。これが130ページの②目的です。

目的に設定するのは、結果が誰が見ても同じ数値やyes／noで表せるアクションであることが重要なポイントです。結果を正確に分析できることは重要なのです。

例えば、「仕事を依頼してもらう」「ホームページにアクセスしてもらう」「名刺交換してもらう」などは、「1人、2人……」「1件、2件……」と数えることができます。自己紹介の成否を判断するためにも、計量可能な目的による効果測定が不可欠です。

私の自己紹介でいえば、先述のようにターゲットに「公式ＬＩＮＥ登録してもらう」を目的に設定しました。蓋を開けてみたら、ちゃんと1学年分（約80人）が登録してくれていました。

では、「興味を持ってもらう」「知ってもらう」が自己紹介の目的になり得るかというと、これらはプレゼンテーションの目的として不十分だと思っています。

なぜなら、「興味を持つ」「知る」は人の心の中で起きることなので、客観的には測定できないからです。

また、単に自分のことを「知ってもらう」のが目的なら、効率的な方法はいくらでもあります。

例えば、よくないことでメディアに報道されれば、全国に名を知られます。でも、当たり前ですが、それで有名になってもうれしくないので、誰もやりませんよね。

「知ってもらう」ことは、目的ではなく、手段でしかありません。**知ってもらった先に、「どのような行動をとってほしいのか」**。これが自己紹介の目的なのです。

そう考えると、ただ単に「知ってもらう」だけでなく、「どのように知ってもらうか」も重要だということがわかってもらえるでしょうか。

ターゲットに「どのようなアクションをとってほしいのか」を考えたうえで、好感度アップを狙うのか、インパクトを残すのか、「どのように知ってもらうか」を手段として選んでいくことが重要なポイントです。

目的は、はっきりと言い切る

私の例を見ていただくと、「LINE登録してください」とはっきりと言い切っています。このように、目的ははっきり言うことが多くの場合有効です。言い切ることで、ターゲットにとってほしい行動が直接的に伝わり、目的が達成されやすくなります。

ところが、これが苦手な人が多いようです。どうしてほしいかを言わずに、間接的に目的を達成しようとするのです。

例えば、「自己紹介のあと、10人に話しかけてもらう」を目的に掲げたとします。話しかけてほしいなら、「話しかけてください」と直接伝えるのが効果的です。にもかかわらず、「私はこういう活動をやっています。おもしろいでしょう?」と遠回しな表現でアピールしても、あとでわざわざ本人に話しかけようとする人は少ないかもしれません。

初めのうちは、どうしても直接的な表現を避けたくなるものです。ストレートな表現はちょっと気が引けてしまうかもしれませんが、ストレートに伝えるという目的達成のためには一番手っとり早いのです!

もちろん、例外もあります。例えば、こちらからお願いするのではなく、あえて

「先方からお願いされたい」場合もありますよね。こちらからお願いすることで、相手に優位な立場をとられたくない場合です。

その場合は、「どうすれば、先方からお願いされるのか」を考えて、自己紹介を組み立てます。例えば何かお願いされたい仕事があるなら、自分にその仕事を遂行できる能力やリソース、手段があることを伝え、**「その仕事の重要さを一番理解しているのは私です」**と、自分が最適任者であることをそれとなくアピールします。

一気にゴールを狙わず、段階的に設定していい

私の例に戻ると、あの自己紹介では学生に公式ＬＩＮＥ登録を求めているだけで、最終ゴールである「大澤研究室に入ってもらう」ところまで狙っていないのもポイントです。

もちろん、最初から「研究室に入ってもらう」ことを目的に設定することもでき

ます。その場合は、大澤研はどのような研究室かを詳しく説明したかもしれません。

一気にゴールを狙わない代わりに、ゴールまでの流れを複数の段階に分けて設計しました。

第1段階の5分間プレゼンテーションを聞いた学生のうち、公式ＬＩＮＥへの登録者は約80人。登録者に対しては、公式ＬＩＮＥのチャットボットが、学生からの質問に対して自動で回答する仕組みにしていました。

まずはこれで遊んでもらい、接触回数を増やしてもらうことを狙ったのです。

次に第2段階としてＬＩＮＥ登録者を対象に、約2時間の説明会を開催しました。研究内容を詳しく伝えることで、大澤研についてより知ってもらうためです。

ここでは、難しい研究であることも包み隠さず伝えました。

思い切りのいい学生を集めたいとはいえ、困難に立ち向かう勇気や、人工知能に対する興味関心がないとうまくいかないからです。5分間のプレゼンテーションではつくり込めなかった引力と斥力を、ここで丁寧に設計していきました。

しかし、研究室生活に関してはほとんど話をしませんでした。この点は引き続き斥力として働かせ続けていたわけです。

おもしろそうだと思ってLINE登録した学生のうち、「研究の中身を聞いたら難しそうだな」「研究が大変そう」と感じた学生は二の足を踏んだと思います。

一方、研究内容が難しいほど興味がかき立てられ、「がんばりたい」と意欲を燃やした学生もいました。

そのあと開催した個別相談会（第3段階）には、20人が参加しました。

ここで一人ひとりとじっくり話をして、大澤研の1期生を選抜したという流れです。

LINE登録者80人全員に対して個別相談会を開催するやり方もありましたが、人数が多いと大変なので、20人に絞ってから個別相談を実施しました。

また、ほかに使える場所がなかったこともあって、面談場所が大学から遠くて交通の便が悪いところだったこともポイントになりました。わざわざそこまで足を運ぶ、やる気のある学生を集める意図と、大澤研を知ることに時間を使ってもらうことで関心を高めることの2つが期待できました。

このように、目的の設定においては、**最終ゴールに辿り着くまでの段階的な目的設定や、各段階での引力と斥力の設計も工夫のしどころ**といえます。

段階的な目的設定

5分間プレゼンテーション
↓
LINEに登録してもらう
↓
説明会に参加
↓
個別相談会に参加
↓
大澤研に参加

時限爆弾としての目的設定も

あなたがまだ学生だとして、「5年後、経験や実績が積み上がったときに、自分のことを思い出して仕事を依頼してほしい」と考えたとします。つまり、ターゲットに行動をとってもらうのは「今すぐ」ではなく、「何年後か」である場合です。

こうした〝時限爆弾〟を埋め込むような自己紹介も、実は可能です。「今は相手に動いてもらうタイミングではない」「むしろ今、動かれたら困る」という場合には、5年後、10年後、機が熟したときにアクションを起こしてもらえるよう自己紹介を設計します。

私の実例をお話しすると、以前、ある方にお会いした際、活動支援の申し出をいただきました。大変ありがたいことだったのですが、自分がまだそのフェーズにはいなかったので、私は次のように伝えました。

今の僕が支援を受けてしまったらあなたに損をさせてしまうかもしれない。「絶対に損をさせない」という自信がついたときに必ずご連絡するので、そのときにお願いいたします。

そのあとも、お会いするたびに、**「損をさせない覚悟ができたとき、必ずお声がけをさせてください」**とくり返しお伝えしていました。

そうすることで、もし「支援をお願いします」とお願いするタイミングがきたときに、「大澤は自分に絶対損をさせない覚悟だ」ということが伝わります。それが時限爆弾です。

日大でＲＩＮＧＳを立ち上げるとき、とても嬉しいことを言っていただきました。ＲＩＮＧＳが目指す未来像を伝えて協力をお願いすると、二つ返事で「いいよ」と快諾してくださったのです。その理由を尋ねると、「大澤君は僕らに損をさせる提案はしないでしょ。君が提案している時点でＯＫだよ」と。

目的設定にタイムラグがあると、時間が経つうちに忘れられて、時限爆弾が不発に終わってしまう可能性もないわけではありません。

その意味では、やはり直近でのアクションを目的に設定したほうが、達成確率が高くなるのは間違いありません。

自己紹介に慣れていない初心者の人が練習するなら、**5年後や10年後の未来よりも、今の自分が実現可能な直近の目的を設定する**とよさそうです。

例えば、「5年後、成長したら声をかけてもらいたい」のだとしても、今すぐ求めるアクションとして、「自分のSNSをフォローしてもらう」「仕事に必要な知識を教えてもらう」などの目的を設定することができます。

直近で、より具体的な目的設定を試みるほうが、結果的に最終ゴールへ近づける可能性も高まるからです。

時限爆弾としての目的設定と、直近の目的設定の2つのパターンを紹介しました。大事なのは、**自分が望むタイミングでターゲットに特定の行動をとってもらう**ことです。

時間が経ってから効果を発揮する時限爆弾を埋め込むのか、今すぐのアクションを狙うのか。そのブレーキとアクセルは自分で握ることができるのです。

シチュエーションを考える「中二病ごっこ」

130ページに書いた3要素の最後、③シチュエーションです。どのような状況で自己紹介をするかによって、自己紹介は変わってきます。

例えば、同じテーマで講演をするにしても、都市部と地方、対面とオンラインでは、話す内容や準備するスライド構成が違ってきます。

自己紹介でシチュエーションまで考慮したことのない人がほとんどかもしれませんが、シチュエーションを事前にイメージしておくと、自己紹介の精度が上がって目的を達成できる確率が高まります。

近々、自分に巡ってきそうな自己紹介の機会はあるでしょうか。それはいつ、どこで、どんなタイミングでしょうか。あるいは、自己紹介したい相手と出会えるとしたら、どんなシチュエーションが考えられるでしょうか。

例えば、内定式や異業種交流会、新規プロジェクトのキックオフミーティング、仕事帰りの飲み会など、自己紹介が求められるシチュエーションがいくつか思い浮かぶかもしれません。

普段から慣れているシチュエーションなら、それほど念入りに準備しなくても問題ないでしょう。経験則や勝ちパターンがあれば、「ここはこうすればいい」ということが分かるからです。

しかし、初めての場所や慣れない集まりで、普段は接する機会の少ない職業やポジション、年代の人に対して自己紹介する場合、そうはいきません。

経験則が効かないぶん、事前にその場面を何度も頭の中で思い巡らせて、シチュエーションの解像度をできるだけ上げておくことが安心材料になります。

解像度としては、**自己紹介する場面を、一つの物語として時系列で説明できるくらいに妄想を膨らませます**。頭の中でそのときの状況を再現し、主人公の自分を動かすことができれば合格です！

頭の中で自己紹介の場面を思い巡らすことを、私は「中二病ごっこ」と呼んでいます。実際に私の脳内で繰り広げられた中二病ごっこの一端をお見せしましょう。

相手のことをよく知る

以前からドラえもんをつくるうえで「一緒に仕事をしたい！」と願っていたEさんに、初めてお会いする機会を得ました。Eさんは私よりずっと年上の方で、組織内で重要なポジションに就いています。対面場所は、その方のオフィスでした。

最終的には「一緒にやりましょう」と意思決定をしてもらいたいのですが、初対面となるこのときの自己紹介での目的は、「次もまた呼んでもらう」に設定。どのように自己紹介すれば次もまた呼んでもらえるのか、頭がよじれるほど考え尽くしました。

このときは、Eさんのことをよく知ることから始めました。

組織で重責を担う、年がずっと離れた方に、私はそれまであまり接点がなかったので、ターゲットの明確化が必要だと考えたのです。

ラッキーだったのは、Eさんには著書が何冊かあり、そこからEさんを知るための糸口をつかむことができました。

そのうえでシチュエーションの解像度を上げていくのですが、Eさんの前で落ち度や不手際があってはいけないと思い、本に書かれた文章を読み込んでシミュレーションをくり返しました。

シミュレーションを100回

人としての誠実さを感じてもらえることが、次もまた呼んでもらい、最終的には「一緒にやろう」と意思決定してもらうための重要な前提だと考えていました。シミュレーション回数は、100回は下らなかったと思います。

例えば、こんな妄想です。

私は事務所のソファに座り、スマートフォンを何気なくテーブルの上に置く。すると、スマホの保護ガラスが割れているのがチラリと見えている。Eさんに気づかれてしまったら、「細部に気を使えない人は信頼できない」と思われてしまうかもしれない……。

脳内シミュレーションをくり返していくと、必ず想定外の展開に直面します。うっかりスマホ画面を割れたまま放置していたり、思いもかけない質問を受けたり。思いつくたび、新しいスマホの保護ガラスを買ったり、足りない情報を補ったりして、「これで想定し尽くした！　これで大丈夫！」と思えるまで、何パターンも、何テイクも、頭の中で妄想しました。その日のためにスーツを新調し、当日は美容院にも行きました。

ここまで準備する必要があるのか？　と思われるかもしれませんが、体験したことのないシチュエーションだからこそ、自分の頭で考えられることはできる限り試してみるに越したことはありません。事前に想定外をつぶしておくことで、自己紹介の目的が達成されやすくなると思うからです。

結果は、初対面を果たしたのちに、Eさんに再びお会いすることができました。会話の中でEさんと共通の知人がいることを伝えたら、Eさんとその知人との会食に私も呼んでもらえたのです。

シチュエーションの解像度を上げて準備したことで、自己紹介の目的を果たすことができました。しかも、時間差での目的達成であり、時限爆弾式の自己紹介が成功したことになります。

自己紹介は「はじめまして」の場面だけではない

自己紹介するシチュエーションは、なにも初対面の人に挨拶するときだけではありません。既知の人に対して、会うたびに自己紹介することもできます。第1章で紹介した「480円の専門家」は、まさに後者の好例です。

これといった夢がなくても、仮設定した夢で自己紹介を行なってみて、興味関心が別のところに移ったら、その「新しい夢」で自己紹介する。自己紹介することで夢を言語化し、それに向かって行動を起こすことに意味があります。

ですから、現時点での自分の夢や、ありたい姿を言語化する手段として、同じ人に対して、何度でも自己紹介して構いません。

「周りの人がまだ知らないリアルな自分」を伝えるのが自己紹介なのです。私たちがRINGSの協力メンバーを呼んで月1回開いている会では、毎回同じメンバーであるにもかかわらず、毎月自己紹介しています。

ほかにも、**何かに挑戦したいタイミングや、ちょっとした交渉事があるときは自己紹介の絶好の機会**です。

例えば、「上司に自分のことを引っ張り上げてほしい」「次の案件を自分に任せてほしい」などの要望を叶えたいとき、上司に自己紹介するのです。

どのようなシチュエーションで、どのような話をすれば目的を達成できるかを考えます。「次の案件を自分に任せてほしい」と上司に交渉したい場合、直近で上司と一緒になるシチュエーションはあるだろうか、と考えてみます。

例えば、1カ月後に上司と出張の予定があり、2人で飲みに行くチャンスがあるとしたら、「そのときに話すのが一番いい」と判断できるかもしれません。酔った勢いのように伝えて目的を成功させられたら、あなたはもう上級者です！

いつ誰の前でも話すのが平気な人はいない

ここまで、自己紹介で考慮すべき基本の3要素（ターゲット、目的、シチュエーション）について説明してきました。

この3つさえ押さえておけば、これまでなんとなく「流して」きてしまった自己紹介も、「チャンスを逃さない」自己紹介になっているかをチェックすることができます。

「自己紹介が苦手」「何を話せばいいか分からない」という人でも、この3要素を意識すれば、何を話せばよいか、何が考えられていないからうまくいっていなかったのかが、わかるようになります。

仮に、人前で話すのが苦手な人がいたとします。私がその人に言葉をかけるなら、「最初から人前で話すのが平気な人はいませんよ」と言うでしょう。私だって人前で話すのは苦手だったりしますから。

まず、「人前」というターゲットが漠然としすぎている気がするのです。

具体的なアドバイスとしては、もっと解像度を上げてみることをおすすめします。例えば、家族の前ならどうでしょうか。仲のいい友達の前や、同僚の前ならどうでしょうか。

そう考えると、「このターゲットは平気」「このターゲットは苦手」ということが見えてきます。

次に、目的に着目してみます。

仲のいい友達には話せるとして、例えばその人に「友人を紹介してもらう」のか、「ご飯をご馳走してもらう」のか、どのような目的でなら話せそうでしょうか。

シチュエーションについても同様です。

少人数の集まりなら意外と平気だけれど、大勢の人が集まる場所は苦手とか、そういうこともう少し見えてくるかもしれませんね。

このように、ターゲット、目的、シチュエーションを絞り込んでいくと、**自分にとって何がOKで、何がNGかが明らかになってくる**と思います。

まずは1人のターゲットに対して、一つの話題を、一つの場所で何度も練習してみるとよいでしょう。自分が問題なく対応できる範囲が見つかったら、あとはそれを少しずつ広げていきます。

ターゲット、目的、シチュエーションが漠然とした状態では、何を話せばいいのか分かりませんが、3つの要素を一つずつ検討していけば、どのような自己紹介ならできそうか、また次にどうすべきかも、おのずと見えてきます。

設定に現実味はあるか

ターゲット、目的、シチュエーションにリアリティが欠けている場合も、自己紹介は成立しにくくなります。

学生Fさんのケースです。

「マーク・ザッカーバーグを超えたい」という夢を持つFさんは、マーク・ザッカーバーグに対して「弟子入りさせてもらう」ことを目的に、自己紹介を考えようとしていました。とてもおもしろい発想ですが、このシチュエーションは現実的にあり得るのでしょうか。

確かにターゲットは絞られているし、目的も明確ですよね。

しかし、直接マーク・ザッカーバーグに対して自己紹介するチャンスがあるかというと、その可能性はまだ低い、となります。

その目的を達成するのは「今ではない」といえます。自分には大きすぎる目的や、ターゲットに出会う可能性が低すぎるシチュエーションは、実践が難しいのです。

どうしてもマーク・ザッカーバーグに弟子入りしたいのなら、その前段階となるシチュエーションを設定する必要があります。

どんな自分になれば、マーク・ザッカーバーグに会えるチャンスがありそうでしょうか。

Fさんが起業して、日本でトップ企業に成長させたら、もしかしたら会えるチャンスがあるかもしれません。では、国内トップ企業をつくるにはどうすればいいのでしょうか。日本の起業家に弟子入りして経営を学ぶのが近道かもしれません。このように逆算して考えていきます。

それでは、日本の起業家で、「弟子をとってもいい」と考えている人と出会うには、どのようなシチュエーションが考えられるでしょうか。

例えば、大規模なビジネスコンテストに参加して、ファイナリストに残れば出会えるかもしれません。

そう考えると、「ビジコンのファイナリストとして起業家と出会い、自己紹介する」というシチュエーションなら、実現可能性がグンと高まります。最初のターゲットであるマーク・サッカーバーグからはちょっと遠ざかりましたが、その代わり、目的とシチュエーションは現実味を帯びてきましたよね。

ターゲット、目的、シチュエーションは、「今の自分の手が届きそうなところ」で設定することが重要です。今の自分が獲得しうる最大のチャンスはどこで巡り合えそうか、実現可能性とのバランスも考える必要があります。

そしてその自己紹介がうまくできてくると、本当に実践したくなって、ビジコンに出場するというアクションにもつながりますね。

練習していくうちに、自分の型ができてくる

ここまで読んで、誰かに会うたびに自己紹介の目的やシチュエーションを考えなければならないのは大変だと思うかもしれません。最初のうちは確かにそうです。特に、自己紹介に取り組み始めた人が、まっさらな状態から自己紹介をつくっていくのは時間がかかるでしょうし、会う人ごとに目的やシチュエーションを考えるのは面倒だと思うかもしれません。

それでも、しばらく練習していくと、〝自分の型〟のようなものが生まれてきます。

いろんなシチュエーションを試して、相手からのフィードバックを得ていくうちに、「自分はこういう人間かもしれない」「自分の夢はこれかもしれない」と見えてくるのです。

あるいは、どのようなシチュエーションでどのような話をすると自己紹介が上手

くいくのか、自分の成功パターンが見えてくることもあります。

自分の型やパターンが見つかったら、自己紹介はある程度、自動化されて、その場に応じて直感的に話せるようになります。24時間365日、目的やシチュエーションを考えながら生きていかなければならないわけではないので、安心してください。

自動化の域に辿り着くには、やはり実践あるのみです。シミュレーションも大事ですが、脳内で考えているだけでは仮説検証ができません。

実践してみて、相手からのフィードバックをもとに修正を加えて自己紹介を洗練させていく。そのくり返しの先に自動化に辿り着けたら、もっと自由に気軽に自己紹介できるようになるでしょう。

ＯＫＲを使って目標を言語化する

この章の冒頭で、自己紹介した先の未来に何が起きるとうれしいのか、ざっくりとした戦略があると自己紹介をつくりやすいと書きました。

戦略を言語化するのに便利な手法が、一般企業でも導入されている目的・目標管理ツールです。ＯＫＲが決まれば、戦略が決まります。

ＯＫＲは、「Objectives＝目的・目標」と、「Key Results＝主要な結果、成果」で構成されています。Objectivesは自分がわくわくするような「一定期間内に達成したいこと、期間終了時になっていたい将来像」を定性的に設定し、Key Resultsは「何ができたらObjectivesが達成されたと言えるかを測る指標」を3～5個定量的に設定します。

目標管理ツールには、他にもＫＰＩ（Key Performance Indicator 重要業績評価指標）や、ＫＧＩ（Key Goal Indicator 経営目標達成指標）、ＭＢＯ（Management by Objectives目標管理

制度）などがあります。

比較すると、他の目標管理ツールが現実的な目標を設定して「１００％達成できれば成功」とするのに対し、ＯＫＲは少し高めのストレッチ目標を設定して「60〜70％達成できれば十分」とする点に違いがあります。

ＯＫＲは、大きな夢を達成することに特化した目標管理手法です。定量的な指標（ＫＲ）だけでなく、自分自身がワクワクするようなフレーズ（Ｏ）も設定することで、指標に囚われて目指したい姿を見失いにくいと言われています。

また、１００％達成すべきノルマではなく、本来なら60〜70％くらいでも十分といえるような大きな目標を掲げることが推奨されています。

ストレッチ目標によって組織や個人の能力水準を引き上げようとするのが、ＯＫＲの一般的な使われ方です。

私が普段から持っておくとよいと思うのは、**長期スパンで考えた人生のＯＫＲと、直近３カ月程度の短期的なＯＫＲの２種類です。**

ＯＫＲの設定にも、ある程度のスキル、時間、労力が必要です。初めから完璧なＯＫＲを目指そうとせず、実践しながら上達していけばいいと思います。

自分がわくわくできるObjectivesを持とう

私の中にある究極のゴールは、「ドラえもんを完成させる」ことです。これがそのままObjectivesになります。

そして、そのKey Resultsとして「１００億人が、ドラえもんと認めるロボットをつくる」としています。通常は３～５個のＫＲを設定するのが通常ですが、究極ゴールなので１つだけにしています。

左ページでビジネスの例を図にしてみます。見ていただくと分かるように、Objectivesは数値で表す定量的な目標ではなく、数値で表せない定性的な目標です。

達成したときの自分の姿をイメージできるように、具体的な内容で分かりやすく、

Objectives
営業部のスターになる

Key Results **1**
10件の受注をもらう

Key Results **2**
1000人と名刺交換する

Key Results **3**
社内の100人から名前を呼んでもらう

魅力的なフレーズで表現するのがコツです。自分自身がわくわくでき、「好きだな」と感じられるObjectivesを設定できると理想的です。

それに対してKey Resultsは、「どのような状態になればObjectivesが達成できたと評価できるのか」という観点から、計量可能な目標値で表現されます。計量可能な指標を設定することで、期間終了時に目標が達成できたのかどうか、どのくらい達成できたのかを測ることができます。

「ちょっと達成が難しいかも」と思うくらいのストレッチ目標を設定することがポイントです。

普段から戦略が整理されていると、急に自己紹介を求められたときにも、「自分はこうなりたい」という意思を持ってコミュニケーションをとることができます。また、いきなりチャンスが巡ってきたとき、事前準備が十分ではなかったシチュエーションでも、その場を最大限に活かした自己紹介や行動をすることができます。

夏休みにがんばりすぎて体調を崩した反省から、「ドラえもんをつくるための強靱な肉体を手に入れる」をObjectivesに設定しました。

そのために通い始めたジムで、「レッグプレス150kg」「ラットプルダウン70kg」「チェストプレス70kg」を持ち上げられる状態になることをKey Resultsに設定しました。

結果からいうと、このOKRを設定したことで、逆に体調を崩してしまいました

（笑）。あとで調べたところ、筋トレをやり過ぎると免疫力が落ちて、むしろ体調が悪くなるのだそうです。つまり、「一生懸命筋トレすれば、健康になれる」という仮説は、間違っていたのです。

仮説を立てたからこそ、その仮説が間違っていることに気づけたのですが、そもそもドラえもんをつくるのにマッチョな体は必要なく、健康で丈夫な体であればいいということにも気づきました。よって、これは指標が間違っていた例です。

大澤研や必修科目でOKRを実践中

大学内でもOKRの活用を徐々に広げており、2022年秋からは研究室内のメンバー全員が各自でOKRを設定し、実践しています。2023年からは情報科学科1年の必修科目にも取り入れています。さらに大澤研ではOKRをもとに成績評価を行なっています。

ストレッチ目標を設定するＯＫＲは、人事評価には使われないのが一般的です。なぜなら、目標達成度で評価しようとすると、達成しやすい目標が設定されやすくなるからです。例えば、「腕立て伏せを毎日１００回」を目標に掲げるより、「腕立て伏せ毎日50回」を目標にしたほうが、達成しやすく、評価も上がります。

そう考えると、ＯＫＲを使った成績評価に疑問を感じるかもしれません。

大澤研では、ストレッチ目標を活かすため、目標の達成度で評価するのではなく、「挑戦的な目標設定ができているか」「それに向けて適切なアクションを十分にとったか」、この2つを基準に成績を決めています。目標の達成度合いにかかわらず、自分の力を引き出せる目標を立てて、その目標に向かってアクションを起こした人を高く評価しています。

大学教育にＯＫＲを取り入れる私の思いとしては、他人が決めた価値軸で自分が評価されるのではなく、自分の価値軸で自分自身を評価する手段を学生に手に入れてほしいのです。大学ではとかく、偉い人が決めたルールに則って、先生に教えられたことをソツなくこなせる人が優秀だとされがちですが、学生自身が「自分はこうなりたい」「こうありたい」という価値軸のもと行動できる人になってほしいと思っています。

参考までに、Objectivesを設定するためのワークシートの一部を次ページに掲載します。実際には、ワークショップの中でこのワークシートを使って、みんなで考えていきます。

ワークシートに書かれている質問に答えていくと、Objectivesが導き出せるように作られています。

短い時間で発散的にたくさん書き出すことで、自分を言語化するきっかけをつかむことができます。みなさんも自分を振り返るヒントになるかもしれません。

将来のためにやりたいことは何ですか？

・
・
・

15文字程度で、具体的な目標を考えてみてください。（3つ4つになっても大丈夫です！）

・
・
・

<Objective変換編>

自分が設定した目標、日本に何人同じこと考えていると思いますか？ もしいっぱいいそうなら、日本に 10 人くらいにはなるように、オリジナリティある目標にしてください。

・
・
・

今の自分の目標を見てください。いかにも優等生っぽいものになってないですか？　もしなっていたら優等生を今だけ卒業して、フレーズを変えてみてください。

・
・
・

うわ、これいかにも自分だ……っていうような言い回しに変えてみてください。

・
・
・

（番外編：この Objective を第三者目線から見て、ユニークなあだ名を付けられそうな場合はつけてあげてみてください。）

・
・
・

OKR ワークショップ　ワークシート

<目標設定編>

好きなこと、嫌いなこと、得意なこと、不得意なことをそれぞれ箇条書きで、書けるだけ書いてください。

(好きなこと)
・
・
・
(嫌いなこと)
・
・
・
(得意なこと)
・
・
・
(不得意なこと)
・
・
・
それぞれに共通点はありますか？
・
・
・
これからの自分はどんな人になりたいですか？
・
・
・
今やっていること、やらなくちゃいけないことは何ですか？
・
・
・
理想の将来像と比べて、今の自分とギャップを感じるところはありますか？
・
・
・

＊学生が企業ワークショップ向けに制作したOKRのワークシート

第4章

実践！ 自己紹介の型

プレゼンテーションの型を知る

自己紹介の目的を達成する、すなわち相手に特定の行動を起こしてもらうには、その人の心を動かす必要があります。論理的で整合性がとれているだけのトークやプレゼンでは、相手を動かすことはできません。なぜなら、人の意思決定には必ず感情がかかわってくるからです。

第2章の「自己紹介とは、物語である」のところで触れましたが、人の心を動かすとき、物語が大きな役割を果たします。

自己紹介は人生という名の物語によって、人の心を動かすとも言えるのです。

そこで、知っておくとよいのが物語の「型」です。

物語の語り方は人の数だけありますが、一方で、よく使われる物語のパターン(型)も存在します。

つまり、人が理解しやすい話の展開には一定のパターンが存在するということです。プレゼンテーションにも型が存在しますが、それも同じ理由です。

自己紹介の上級者になれば、型を意識せずとも感性に従って相手の心に響く自己紹介を組み立てることができる場合もあるでしょう。あるいは、自分なりの物語の型が既に完成している人もいます。

初心者でも、ビギナーズラックに恵まれて、「思いのままに伝えたら、たまたま相手の心を動かせた」という人もいるかもしれません。

それでもやはり、自己紹介の成功確率を上げたい、人の心を動かす経験を積みたいと思うなら、物語の型を知っておくとよいと思います。

どのような展開なら理解しやすいのか、感動しやすいのか、共感しやすいのか。

それらにも意識を向けて、人の心を動かす物語の型を理解しておくのです。そのうえで、自分が伝えたい内容をどのような物語に乗せると伝わりやすいかを考えられたら最強です。

典型的な型をいくつかご紹介しましょう。

①起承転結

話や文章を分かりやすく伝える「起承転結」は、自己紹介にも使えます。

起　初めまして、日本大学の大澤です。

承　日本大学って、どんなイメージですか？　昨今のトラブルで世の中をお騒がせしているので、もしかしたらマイナスイメージを持たれている方もいらっしゃるかもしれませんね。

転　でも、日本大学の中は驚くほど希望に満ち溢れています。大学として大きく変われるチャンスだという考え方が浸透していて、若手や学生にチャンスがどんどん回ってくる環境になっているのです。

結　私はそんな中で思いっきりチャレンジをさせてもらえて、センターの立ち上げや、学部を超えた連携など、本当に充実した毎日を送ることができています。これからも、どんどんチャレンジを広げていこうと思っています！

②なぞ↓伏線回収

導入部分で相手が「知りたい」と興味を抱くなぞを掲げておき、自己紹介の中で伏線を回収していくやり方です。

なぞ　僕、実は大学生の時に、技術に触れない縛りをしていたんです。なんでだと思いますか？

伏線回収　物心ついた時にはドラえもんをつくりたくて、小学生の頃からロボットをつくっていて、高校も工業高校に通った自分は大学に入って気づいたんです。「人と価値観が違いすぎる」と。そして怖くなりました。「人と価値観が違う自分がつくったドラえもんを、人はドラえもんと認めてくれるだろうか？」と。

そして決断しました。普通の大学生になって、ちゃんと世の中のたくさんの価値を学ぼうと。そして、みんなが大切に思っているものをちゃんと理解できる人間になって、ドラえもんをつくるんだと。あの時たくさんの価値観を学べたからこそ、今の「ともにドラえもんをつくる」というビジョンを得ることができました。

③時系列

過去→現在→未来の順番で並べるのがオーソドックスな方法です。

過去 私は子どもの頃にドラえもんをつくるという夢を持ちました。

現在 そして、その夢をかれこれ30年近く追い続けています。

未来 将来は、ドラえもんをつくるという夢を、地球上のみんなで一緒にやり遂げたいと思っています。

過去から順番に並べていく構成は自然でやりやすいので、まずはこの順番で練習してみるといいかもしれません。

慣れてきたら、順番を入れ替えることもできます。未来→過去→現在（→未来）で構成すると、次のようになります。

未来 将来、私がドラえもんをつくるという夢を叶えたらその後は、児童養護施設で働きたいです。

過去 以前「多くの人を幸せにするために、世界をどう変えたいの？」って聞かれたことがありました。僕は目の前の一人ひとりに寄り添って幸せにしたいけれど、そのやり方には限界があることも自分でよくわかっていました。

現在 でも、最近になって気づいたんです。ドラえもんをつくれば、彼と一緒に世界中のみんなに寄り添うことができるって。だから、やっぱり僕はドラえもんをつくることに集中すればいい。そうして寄り添うことに無限の可能性が生まれた世界で、人に寄り添う仕事がしたいです。

④課題↓解決

はじめに課題を特定し、そのあとに解決策を示します。

課題 1人の先生がたくさんの学生を教える現在の学校教育で、一人ひとりの個性を生かすのって、無理があると思うんです。課題は、教える人と教わる人のアンバランスにあります。

解決 だから、私は新しい学びの場としてのコミュニティをつくる挑戦を始めました。大学を「教える/学ぶ」場から「教え合う/学び合う」場へと変化させます。自己紹介研修を受けた人たちなら、自分が教えられることや人、教わりたいことや人に気がつけますから、自然と教え合うことや学び合うことが生まれていきます。

⑤ PREP法

PREP法は、Point(要点)、Reason(理由)、Example(具体例)、Point(要点)で構成されます。最初に「要点」を伝え、次に結論に至った「理由」を説明し、理由に説得力を持たせるための「具体例」を示し、最後に再び「要点」で締めます。

要点 日大が変われば、日本が変わると思います。

理由　なぜなら、日本大学で生み出された「人が輝く仕組み」は、日本中に広げることができるからです。

具体例　例えば、10万円の服がすごくいいものだ!!　って言われてもピンとこない人が多いと思いますが、「ヒートテックめちゃめちゃあったかい！」ってなったら買いに行くじゃないですか。みんなに手が届く発明を、みんなに届けやすい場所で生み出さなきゃダメだって思うんです。日本大学は、知名度も高く、規模は日本一、特定の誰かしか関われないニッチ大学でもない。すなわち大学界のユニクロなわけです。

要点　きっと日大が変われば日本が変わります。そしてそこからドラえもんが生まれると思うのです。

以上、典型的な5つの型をご紹介しました。

プレゼンテーションについて書かれた本を読むと、プレゼンの型がいくつも紹介されています。それらも参考にしながら、自分の使いやすい型、自分の伝えたい内容に合った型を試してみましょう。

自己紹介の上手い人が近くにいれば、その人の型を真似るところから始めても構いません。

まずは既存の型を活用して、それに多少のアレンジを加えながら、自分なりの物語の型を作ってみてください。

真剣さや本気度、原体験エピソード

人の心を動かすのは物語だと書きましたが、その物語にぜひ加えてほしいものがあります。それは、あなたの真剣さ、本気度です。

私の夢はドラえもんをつくることですが、「私はドラえもんをつくりたいです」という抽象的な言葉だけで、私の本気度を感じ取ってくれる人は少ないかもしれません。

そこで、次の言葉を加えてみます。

記憶がないくらいの幼い頃から、ずっと同じ思いです。
物心ついた頃には、ドラえもんをつくりたいという思いが抑えきれず、今まで約30年間、ずっとやり続けてきました。

これらを添えるだけで、「ドラえもんをつくりたい」という言葉の本気度がグッと増しますよね。

昨日今日で思いついた夢ではないし、ChatGPTの流行に便乗したセールストークでもない。人生を懸けた夢だということが伝わります。

「人を幸せにしたい」「社会をよくしたい」といった聞こえのいい言葉を口にするの

は簡単です。自分の言葉にどれだけ向き合い、責任を持って語れるかが大切だと思います。

「責任を持って語る」とは、その人がどれだけ真剣に考えているのか、どれだけ本気でそれをやろうとしているか、と言い換えることもできます。

その人の真剣さや本気度を裏づけるのが、原体験のエピソードです。「子どもの頃にこんな体験をしたから、今この活動をしている」、「あの時のあの経験が今の自分の思想を形づくっている」といったようなことです。

一つ例を挙げてみます。

僕は、ジェンダー平等に関心があります。

そう言われても、そんなに本気で僕がジェンダー平等に関心があるかはわからないですよね。ただもう少しだけ自己紹介を続けます。

これまで支えてくれた仲間たちの中には、ＬＧＢＴＱ＋の方々もいました。みんなの苦労を聞いた時「こんな素敵な人たちが、苦しむ世の中って、胸糞悪いな」って、感情が湧き上がってきたんです。だから大切な仲間たちが幸せに暮らしていってくれるために、自分が貢献できることがあるなら取り組みたいです。

実際に私は、まだまだ未熟だからか、社会問題を社会問題として問題視するというよりは、その課題に苦しんでいる仲間の顔が思い浮かぶときのほうがより強い思いが芽生えます。

思いの強さの源になっている原体験は、思いの強さを伝える手段にもなると思います。

昔も今も夢は変わらないのに

こうした原体験のエピソードが、自分の語る物語にリアリティや深みを与えてくれます。自己紹介の中に原体験のエピソードを適切に盛り込んでいくことが、人の心を動かすにはとても重要になってきます。

私の話をすると、私が中学生の頃は、「ドラえもんをつくるのが夢です」と言うと、中二病だと揶揄《やゆ》されたり、鼻で笑われたりしたものです。人の真剣な夢を笑うなんて、とずっと憤《いきどお》りを感じてきました。

一方で、あの頃から言っていることは変わらないのに、今なら語れば真剣に聞いてもらえることもよくあります。

それはつまり、中学生の頃は、言葉に込めた自分の思いや本気度を伝えられていなかったことが問題だと思うのです。もし、本気度が伝わる自己紹介ができていれば、真剣に聞いてもらえたかもしれません。

ただし、誤解されたくないのは、本気度を言葉で説明できることが偉いというわけではありません。説明しなくても、思いの尊さは変わらないはずです。けれども、その思いで人を惹きつけて、仲間と共に何かを成し遂げようとするなら、その手段として説明してみるのもよいだろうということです。

「Why me ?」を突き詰めて考えてみる

ビジネスシーンで行なわれるビジネスピッチ（短いプレゼンテーション）では、「Why me ?」が大事だといわれますが、これもビジネスに対する本気度や真剣さを伝えることができます。

「なぜ私がこのビジネスをやるのか」
「なぜ私でなければダメなのか」

他の誰でもなく、「私」がこのビジネスを始める理由を伝えられなければ、仲間を集めることも、投資家に興味を持ってもらうこともできません。

ビジネスは平坦な道ばかりではないからこそ、困難や苦境を乗り越えるだけの情熱が必要です。

その情熱を相手に訴えかけるのが、「Why me ?」の部分なのです。

そして、ビジネスピッチでも、「Why me ?」を裏づけるものとして、そのビジネスに人生を懸けることを決意した、原体験のエピソードが語られるといいます。

自分の話に説得力を持たせたいなら、「Why me ?」と自分に問いかけてみるとよいかもしれません。

「なぜ他の誰でもない私が、これをやろうとしているのか？」

自分がそれに強く魅せられた瞬間や、「これをやろう」と決意した瞬間が思い浮かんだとしたら、それが原体験です。

例えば、「地震で被災したとき、多くのボランティアの方たちに助けられた。だから今度は、私が被災地の役に立ちたい」、「戦争を体験した自分だからこそ、平和の尊さを後世に語り継いでいきたい」など、「あのとき、あの場にいた」という体験は間違いなく「Why me ?」の力強い理由になります。

人によっては、「自分の体験は大したことないから、自分でなければならない理由などない」と思う人もいるかもしれません。

確かに、先に挙げた震災体験や戦争体験は希少な体験といえますが、そういった体験をしていなくても、「Why me ?」の理由がまったくないわけではありません。例えば、「私の父はこんな人で、母はこんな人で、両親に育てられた自分だから、こんな夢を持っている」というのも、「Why me ?」としては十分です！

自分の人生は、この地球上で自分しか生きていません。自分のどんな体験も、個人的で唯一無二の体験です。自分の人生に希少性がないはずがないのです。

ほんの些細《ささい》なことでも構わないので、自分の経験に埋もれた「Why me ?」を見つけ出し、自分の人生に意味づけし直す作業をしてみてください。

感情に訴えることの重要性は既述のとおりですが、それはロジックを気にしなくていいということではありません。**論理性を欠いてしまうと、そもそも相手に耳を傾けてもらえません。**

筋の通らない話や、言っていることがチグハグな話をされると、「この人は、あまり考えてないな」「この人の話は、聞く必要がないんじゃないか」と相手は感じてしまうからです。

相手の感情に訴えかけつつも、論理的破綻がないよう、丁寧に組み立てていく必要があります。つまり、感情へ訴えかける部分と、論理的に伝える部分、この両方のバランスが大事なのです。

希少性をつくり込む

自分の中に眠る希少性について、もう少し考えてみます。

自己紹介をした相手に、何かのチャンスの折には自分を思い浮かべてもらい、声をかけてほしいですよね。自分がどんな人なら、相手に思い浮かべてもらえるでしょうか。立場を逆にして考えてみると、イメージしやすいかもしれません。

例えば、あなたが講演会を主催する立場で、ある分野の最新事情について一般向けに分かりやすく話してくれる講師を呼びたいとします。誰の顔が思い浮かぶでしょうか。

私だったら、その分野の「第一人者」を呼びたいと思うでしょう。

では、何をもって「この人は○○の第一人者」と認識されるのでしょうか。何が一番ならその分野の「第一人者」といえるのでしょうか。

知名度が一番。それはあるかもしれませんが、知名度だけではなさそうです。研究や論文、業績、能力がもっとも優れている？ それらも重要な要素かもしれませんが、一般の人が研究論文の良し悪しや優劣を判断できるわけではありませんよね。

では、一般の人たちはどうやって、その人を「第一人者」と認識しているか。それは、その人が「オンリーワン」の存在だからではないでしょうか。

その分野のナンバーワンではなく、オンリーワン。オンリーワンとは、すなわち希少性です。**オンリーワンだから一般の人にも分かりやすく、「第一人者」と呼ばれやすいのかもしれません。**

ここで先ほどの問いに戻ります。自己紹介した相手に、何かのチャンスの折に自分のことを思い浮かべてもらうにはどうすればいいのでしょうか。

それは、その人にとってのオンリーワンになればいいのです。

希少性は経験の掛け算で生まれる

ここで、私の話をしてみます。

世の中には私よりも優秀な研究者が大勢います。もし私を評価していただいている側面があるとするなら、私が特定の分野でナンバーワンだからというよりも、オンリーワンだからではないかと思っています。

ドラえもんを本気でつくろうと試行錯誤し続けてきた私が人工知能を研究するから、人のことを本気で大切にする人工知能がつくれるはず。

ドラえもんをつくりたい気持ちを誰にもわかってもらえなくて苦しみ続けてきた

自分が自己紹介を考えるから、本気で人の思いを叶える支援ができるはず。

人が自分らしく生きることを本気で考えてきた自分が大学の教員になったから提案できる、大学の在り方があるはず。

そうやって、いろいろな回り道をした自分だからこそできることは何かを考えてきました。

しかし、一方でこうも言えるかもしれません。

私がもし超天才で、誰にも負けない能力を持っていたなら、回り道などせずに、ドラえもんに向かう一本道を真っすぐに進んでいったかもしれません。しかし、実際はそうではありませんでした。私の能力不足や未熟さゆえに、グネグネと回り道をして今ここにいる、と言うこともできます。

ドラえもんに一直線の人生と、回り道の多い人生では、どちらに価値があるのでしょうか。

真っすぐ進むほうが効率的でスマートだし、早くゴールに着きそうですが、回り道のおかげで獲得した希少性の価値の大きさは計り知れません。

「自分の人生は回り道ばかりで、いまだ何一つ究められていない」

「この分野では誰にも負けない、と言えるものが一つもない」

そう思っている人こそ、希少性を見出しやすいと私は思います。究めていないから価値がないと考えるのではなく、回り道しながら経験したことの一つひとつを大事に掘り起こしてみてください。それらの経験の掛け合わせに希少性が宿るのだと思います。

回り道にも本気度を！

回り道は大いに結構。そこに自分だけの希少性が生まれるのなら、やることがコロコロ変わってもいいと思います。

ただ、コロコロ変わることが「希少性」や「オンリーワン」と評価されることもあれば、単に「いい加減な人だな」と悪印象を与えるだけのこともあって、紙一重でもあります。

私には子どもがいるのですが、子育てをしていると、よく似たことを感じます。「あのおもちゃほしい!!」と叫ばれた直後に、「このお人形ほしい!!」と叫ばれたりすると、買ってあげるべきか悩みます。

悩みの種はいろいろあるのですが、一つには「本気度」がある気がしています。この子は本当にこれが欲しくてたまらないのか、それとも突発的に「ほしい」と反応しているだけなのか。本当に欲しくてたまらないものなら買ってあげてもいいのかなと思いますが、その辺のところを慎重に考えてしまいます。

回り道の多い人生にも、同じことが言えると思います。

「これをやろうと思ったけど、やっぱりやめた」。その理由が「面倒くさかったから」では、なかなか信頼されないし、支援も受けにくいでしょう。

「その時はそう思っていたけれど、新しい観点を手に入れたことで、こちらの優先度が高いと意思決定した。だから、あっちはやめてこっちをやることにした」。これなら本気度が感じられて、信頼感も強まりそうですよね。

やることをコロコロ変えることは決して悪いことではなく、変えるにも責任を持って丁寧に変えていくことが大事なのだと思います。

言い換えれば、やめる時にも果たすべき責任があるということです。特に自分の挑戦を支援してくれた人に対して、やめる時こそ誠実に報告したり、感謝を伝えたりする。そうすることで、次のチャレンジの時にも応援してもらえるのではないでしょうか。

そして、自己紹介するときも、真剣に、本気で回り道してきたことを伝えられたら、自分なりのその生き方が「オンリーワン」と認めてもらえるのではないかと思います。

○○の人！と覚えられることを逆算する

自己紹介しても、なかなか一発では名前を覚えてもらえないものです。そもそも人の名前って、なぜか覚えられないですよね。

名前を覚えてもらうよりも、「自分は何者か」を一言で表現したキーワードやキャッチフレーズで覚えてもらえるよう工夫してみましょう。

私のキーワードは、「ドラえもん」です。「ドラえもんをつくるのが夢」と言い続けているので、今では「ドラえもんの人ですね」と声をかけられることが増えました。

大澤研やRINGSの学生たちは、「生き甲斐クリエイター」、「究極の欲張り人間」、「『触《さわる》』ハカセ」といったキーワードで自己紹介しています。

難しい言葉は一つもなく、どれも知っている言葉の組み合わせでつくられています。「生き甲斐クリエイター」でいうなら、「生き甲斐」も「クリエイター」も一般的な言葉ですが、組み合わせることで、一度聞けば頭に残るユニークなキャッチフレーズになっています。まさにオンリーワンですし、秀逸なキャッチフレーズだと思います。

自分のキーワードやキャッチフレーズを見つけるには、まずは自己分析して自分を知ることから始めていきます。

自分の長所、能力、人柄、趣味、強み、好きなこと、過去の体験、夢などを自由に書き出してみましょう。過去の体験や、何をどうがんばったのかを具体的に書き出すことも、自分を知るための助けになります。

出てきたワードをカテゴリー分けして共通ワードに収れんさせたり、逆に連想ゲームのように発想を広げたりして、ワードを引き出していきます。

そして、出てきたワードを組み合わせて、オリジナルのキャッチフレーズをつくっていきます。あえてポジティブな単語とネガティブな単語を組み合わせたり、対義語を組み合わせたりすると、意外性があってインパクトのあるキャッチフレーズが誕生することがあります。

組織のラベルを超えられるのはいつか

私が「ドラえもんの人」と呼ばれるようになったのは、実は全脳アーキテクチャ若手の会の代表を辞めたあとのことです。学部生の頃からコミュニティ運営を始め、「ドラえもんをつくりたい」といろんな人に自己紹介してきましたが、そのキーワードではなかなか呼んでもらえなかったのです。

どう呼ばれていたかというと、最初のうちは「慶應修士の子」。そのうち、自分が立ちあげたコミュニティが大きくなってくると、「全脳の代表の子」に変わりました。多くの人にとって、組織名や会社名のほうが覚えやすいラベルのようなもので、私もずっと組織のラベルで覚えられていたのでした。

全脳アーキテクチャ若手の会をより良い会にするために、後輩に引き継いでいくことを決断したとき、正直、無性に怖くなりました。「全脳の代表の子」というラベルが剝《は》がされてしまうからです。

当時は組織のラベルでしか認識されていないと思っていたので、組織の代表でなくなったら自分は何者になるのか、何者でもなくなってしまうのではないかという恐怖がありました。

ところが、コミュニティの代表を辞めた途端、「ドラえもんの大澤君」と呼ばれるようになりました。これは完全に予想外でした。

組織を離れたことで、「自分は何者か」を表す個人のキーワードが代名詞になったのです。これでようやく、オンリーワンの存在として認められた気がしました。今、思い返してみても、おもしろい経験でした。

まずは自分のキーワードやキャッチフレーズを決めて、それで自己紹介してみてください。初めのうちは組織のラベルに負けてしまうかもしれません。

でも、普段からそのキーワードやキャッチフレーズに沿った行動をとることを心がけたり、実績が積み重なっていくようになると、周りに認められて、「○○の人」と覚えてもらえるようになるでしょう。

そうなれば、いざという時に思い出してもらえて、チャンスを手にする機会も増えていくと思います。

引き出しを増やす「キーワード自己紹介」

キーワード自己紹介は、人から与えられたキーワードを使って自己紹介することで、自分をあらゆる角度から切り取って表現できるようになるための訓練です。

自分の中から出てきたキーワードではないため、初めはとっつきにくいと感じるかもしれませんが、**くり返し練習していくうちに連想が働くようになり、自分の中の引き出しも増えていきます。**

説明を読むだけではイメージしにくいと思うので、実際にやってみましょう。

最初のキーワードは、「ポムポムプリン」です。サンリオの人気キャラクターですね。これは担当編集者が打ち合わせ中に思いつきで出題したもので、なんの意図もありません。本当になんでもいいのです。

大澤のキーワード自己紹介

はじめまして、ポムポムプリンの研究をしている大澤です。……って言うと言いすぎですが、僕の研究に通ずる部分があるんです。

ポムポムプリンは、お尻が＊（アスタリスク）ですよね。あのしるしから、お尻を想像できる人間って、すごくないですか？

人間は、抽象的なものと、自分の知っている具体的なものを結びつけることができるんです。僕の研究だと、あえてロボットに顔を描かず、のっぺらぼうにしておくことで、人の想像力を引き出すことができます。ロボットが嬉しそうな声を出したら、それを見た人は「笑っている」と思い、悲しそうな声を出したら「泣いている」と思ったりします。

人間は抽象的なものを見ると、イメージが湧いたり、自分の都合のいいように

「かわいい」とかポジティブにとらえたりします。ポムポムプリンも、お尻がリアルに描かれていたら嫌悪感を抱くのかもしれないけれど、抽象的なしるしのおかげで「かわいい」と感じるのかもしれません。

「ポムポムプリン」というキーワードを使って、「ドラえもんをつくる」という、私の研究について話してみました。ポムポムプリンと自分自身の共通点を真面目に見つけようとするより、なぞかけに挑戦するくらい気軽に取り組んでみるのがおすすめです。

「ポムポムプリンとかけて、〇〇と解く。その心は……」

なぞかけで有名なお笑い芸人のねづっちさんは、なぞかけを考えるとき、連想ゲームのようにキーワード同士のつながりを探していくのだそうです。

私がキーワード自己紹介を考えるときも同じやり方です。

ポムポムプリン↓お尻のしるし↓抽象化。よし、抽象化でいけるぞ！　そんな連想ゲームを頭の中でくり広げています。さあ、みなさんもやってみましょう。

2つ目のキーワードは「マウス」です。今度は、大澤研のGさんに挑戦してもらいました。

Gさんのキーワード自己紹介

僕は「触る」インタラクションを研究しているのですが、ただ触ればいいというわけではないんです。

例えばマウスを例に考えます。マウスっていうと、2種類思い浮かびますよね。パソコンの操作デバイスとネズミです。どちらも同じくらいの大きさで、どちらも触ることができますが、まったく違った「触る」インタラクションです。

操作デバイスのマウスは、右に動かせばPCの中のカーソルが動いて、クリックすればカーソルが指しているファイルを開くことができる。私たちは「マウスを触れば、こういう結果が得られる」と設計された機能をとらえてインタラクションしているわけです。

一方で、ネズミのマウスは「触ると喜ぶかな?」「触ったら怒って噛みつかれるかも」といったことを考えますね。これはマウスの心（もっと専門的にいえば、意図）を感じながらインタラクションしていることになります。僕の研究はネズミのマウスとインタラクションするみたいに、ロボットとのインタラクションを考えることなんです。

3つ目のキーワードは、「インド」です。次の挑戦者は、RINGS生のHさんです。

Hさんのキーワード自己紹介

インドで信仰されている宗教ってみなさんご存じでしょうか。ヒンズー教や仏教ですよね。

仏教はいろいろ宗派が分かれていますが、その中に「人生どうにでもなるぜ」みたいなノリの念仏を唱える宗派がありまして。むちゃくちゃくだけた言い方をすると、「人生どうにでもなるから、あまり深く考えずに生きていこうぜ」みたいなものがあるんですね。

私はたまたま実家がお寺で、「人生どうにかなる」とか「あまり深く考えずにやってみればいいかも」といった考え方に馴染みがありました。いろいろあって精神的に病むことが多かったのですが、自分の心を大事にする、心の幸せを大事にすることをいつも考えながら、それを支えにしていま過ごしています。

もし、何かに悩んでいる人がいるなら、心の支えに宗教とまではいかなくても、心を大事にするとか、「人生どうにかなるよ」という楽観的な心持ちで日々を過ごしてほしいと思っています。

キーワード自己紹介は、うまくやろうとする必要はありません。やってみることが肝心です。

最初のうちは、パッとすぐに思いつかなくても問題ありません。「これなら、おもしろそう」と思える自己紹介を一日かけて考えてつくる。それでいいんです。やっていくうちに自分の引き出しが増えていき、反射神経も鍛えられていきます。

練習のコツを聞かれたら、「とりあえず、やってみよう」。これしかありません。キーワード自己紹介は、おそらく本書で一番気軽に誰でも取り組めるものです!!

今、一つ考えてみませんか!? 例えば、あなたが「ドラえもん」をキーワードに自己紹介をするとしたら……?

練習するうちに恥ずかしさが消えていく

話は少し逸《そ》れますが、大澤研では「アイディアは100個出そう」といつも言っています。「アイディアを出すのが苦手です」という人がいたら、「アイディアを出せるようになるまで、アイディアを出してみよう」と言います。

これまでのコミュニティ運営で多くの人に接してきて、アイディアを出せない人は、アイディアを出せないのではなくて、単純に「自分にストップをかけている人が多い」というのが私の見立てです。

つまり、**出てきそうになったアイディアを止めてしまう癖**がついています。周りからどう思われるか気になる、つまらないアイディアと思われたくない、馬鹿にされたら恥ずかしい。いろんな気持ちが湧いてきて、アイディアを口にするのをためらってしまうのです。浮かんだのにアウトプットされないアイディアがあると、そのアイディアが出口を邪魔して次のアイディアが出てきにくくなってしまうと思います。

そのストッパーを外すのが、「アイディアを１００個出す」という訓練です。「アイディアを1個出してみて」と言われると、その1個のアイディアで自分の評価が決まってしまうような気がして、アイディアを1個出すのにとても慎重になります。ところが、アイディア１００個なら、その中につまらないアイディアや出来の悪いアイディアが交じっていても、それほど気にならないものです。

ゼミでいつもやるのは、「今日の授業はアイディアを１００個出す時間です。アイディアを１００個考えてください。よーいどん！」で始めて、１００個出すまでの時間を計ります。アイディアの質は問いません。90分の授業で終わらない場合は、その後も100個出るまで続けてもらい、要した時間を後で教えてもらいます。

仮に7時間かかったとします。「じゃあ、もう1回やってみよう。次は3時間で終わるよ」と2回戦に突入します。一度アイディアを100個出せた人は、次に100個出すのに必要な時間が圧倒的に短縮されます。

アイディアを100個出していくうちに、羞恥心からくる自分への抑圧を少しずつ解放していくことができるのです。キーワード自己紹介でも、初めのうちは「こんなふうに自分をアウトプットしたら恥ずかしいな、嫌だな」という気持ちがあって、言葉が出てこないかもしれません。

しかし、キーワードに合わせて無理にでも、何かを言わなくてはならない状況になると、「恥ずかしい」なんて言っていられなくなります！

1回目はかなりの時間かかったとしても、キーワードを変えて2回目、3回目と続けて練習するうちに、恥ずかしさも減り、より短時間でキーワード自己紹介を完成できるようになります。うまくやろうと思わなくて大丈夫なので、とりあえずやってみましょう。

自分を抑え込む力が解放され、自分をいろんな側面から表現できるようになります。それに伴い、人との接点や関連性も発見できるようになり、人間関係が一気に広がっていきます。

仲間からの援護射撃を活用する

自己紹介は、自分のほしいチャンスを引きつけ、夢を叶える最強のツールですが、万能というわけでもありません。

自分で自分のことを紹介するからこそ、露骨な自慢話と受けとられそうな話題は避けたほうが無難、ということがあります。

例えば、誰かが「私は優秀な研究者です」という自己紹介を聞いたら、「なんだ？自慢か？」と反感を覚えますよね。

こういう場合、別の人が「彼は優秀な研究者なんだよ」と言ってくれたとしたら、それほど嫌らしくなく、本人がアピールしたい実績や側面をそれとなく知ってもらうことができそうです。自分で言いにくいことは、他の誰かに言ってもらったほうが伝わりやすいということです。

講演会などでも、講師や登壇者の華々しい経歴や業績は司会者が紹介してくれますが、それと同じことです。

他者紹介は、いいチームの必須条件

チームのゴールをみんなで達成していくには、自分自身がチャンスを逃さず成長していくのと同じように、チームの仲間もチャンスを逃さず成長していくことが大前提となります。

そのためには、自己紹介がうまくできるだけでなく、仲間のことを紹介する他者紹介にも長《た》けている必要があると思うのです。

仲間のことは、「We」の感覚で、まるで自分のことのように紹介できるといいですよね。それが「いいチーム」の要件であり、コミュニティが育っていく土台になると思います。

ちなみに私自身は、大澤研に所属するメンバーのことは、本人以上に魅力的に紹介できる自信があります！

しかし、中には残念なことに、「うちの〇〇は全然ダメで……」と仲間を卑下してしまうような言葉を聞くこともあります。ついやってしまいがちですが、仲間を貶《おとし》めることによって、チームが得るものは何もありませんよね。

それよりも、仲間の魅力を理解することに全力を注ぎたいものです。仲間の紹介をどれだけ魅力的にできるかで、チームの力量は大きく変わると言っても過言ではないからです。

私は大学教員ですが、そもそも〝教育〟というより、〝プロデュース〟という考え方で学生に接しています。

2年前から趣味でカメラを始めたのですが、自分が大好きな仲間たちの姿を自分で撮れるのって素敵なんじゃないかと思ったのです。

大澤研は初回ガイダンスの日、研究室に照明を設置したりして、素人ながらに毎年、全員の個人写真をがんばって撮っています！　言葉以外のアプローチで、例えばこういう撮影や写真を通して、自分の素敵なところがちょっとでも伝わって、それぞれ行きたい道に進むことができたらいいなと思っています。

SNSのプロフィール欄のコツ

自己紹介をつくるときの3要素、「ターゲット」「目的」「シチュエーション」を考えながら、自分のSNSに掲載するプロフィールを書いてみましょう。

私自身はSNSの専門家でもなければ、SNSをがんばっているタイプでもないのですが、あくまで今回の方法論を短い文章にする例としてみていただければ幸いです。

目的は、仮に「フォローボタンを押してもらう」、「いいね！ を押してもらう」ことだとしましょう。

シチュエーションは、「タイムラインに流れてきたあなたの投稿から、プロフィールに飛んできた」とか、「リコメンドされてきた」などの場面を想定します。

この場合、ターゲットが重要です。どんな人にフォローされたいか、いいね！を押してもらいたいか、イメージを膨らませていきましょう。

私がドラえもんファンの方々にフォローされたいとしたら、こういったプロフィールを考えます。

ターゲット①：ドラえもんファン

物心ついた時からドラえもんをつくるのが夢です。みんなが大好きなドラえもんが、みんなが望む形でやってくる未来を目指します。

好きな映画は『ワンニャン時空伝』、好きな言葉は「1＋1は1より小さくなるとは、僕思わない！」、好きな話は「しょんぼりドラえもん」、好きなひみつ道具は、雲かためガスです。

私のことを「本当にドラえもんを愛している人なんだ」と思って、安心してもらえるようなプロフィールにしました。

「ドラえもんをつくるのが夢」と書いているからには、本当にドラえもんを愛していて、ドラえもんを愛している人たちのこともちゃんとわかっている。そういう人がつくるドラえもんだからこそ見てみたい、実現するのが楽しみだ。こんな想像ができればフォローしてもらえるのではないか、と仮説を立てました。

また、ドラえもんファンの方々が私をフォローして期待することは、この場合、タイムラインに好きなドラえもん成分が増えることだと思います。ドラえもんに関するエッセンスをちりばめることで、そのイメージが湧くように工夫してみました。

一方で、人工知能に関心がある人に集まってほしいとしたら、このようなプロフイールになるでしょうか。

ターゲット②：人工知能に関心のある人

認知科学、神経科学を参考にした、人と関わるロボットの研究中。最近は心を読む大規模言語モデルの研究にも着手しています。心を持ったＡＩと人が共存する未来を探ります。夢はドラえもんをつくること。著書は『ドラえもんを本気でつくる（ＰＨＰ新書）』。毎日、気になる最新のＡＩ情報を要約して発信します！

ターゲットは人工知能に関する情報を求めていると想定し、有益な情報が流れてきそうな雰囲気を匂わせました。

また、最新の研究にも精通していそうで、独自性や差別化要因が見て取れて、次のAIを思わせるようなテーマの新規性がある、という印象を持ってもらえるような内容にしました。今のところ毎日発信はしていないのですが、本当にフォロワーを集めたいという目的がある時には、がんばります。

ChatGPTに自己紹介を書いてもらう

先ほどのSNSのプロフィールは私が自分で書きましたが、最近ならChatGPTに協力してもらうこともできると思います。

やり方としては、「ターゲット」「目的」「シチュエーション」を決めて、ChatGPTに指示します。実際にやってみました。

ChatGPT への指示例

今から、X（旧：Twitter）に掲載する、私のプロフィール文を考えます。
まずはこのプロフィールの、「ターゲット」「目的」「シチュエーション」を説明します。

#プロフィールを読んだ人の中で、私がターゲットとして置いている人：
ドラえもんのファン

＃目的：
プロフィールを読んだ人に、私をフォローするという行動をとってもらうこと

＃プロフィールを読む人が置かれているシチュエーション：
X（旧：Twitter）で私のポストを見て興味を持ち、プロフィールを閲覧している

以上を踏まえて、私のプロフィールを書くために、私に対していくつか質問をしてください。それに回答しますので、私の回答内容を踏まえて140文字のプロフィールを執筆してください。

すると、以下のように質問をされました。

ChatGPTからの質問

了解しました。以下の質問にお答えください。

1. X上で主にどのようなポストをしますか？　ドラえもんに関連した内容だけでしょうか？
2. ドラえもんのどのような側面が好きですか？　例えば、キャラクター、物語、教訓など。
3. フォロワーに提供できる価値は何ですか？　例えば、情報、エンターテイメント、コミュニティの場など。
4. あなたの性格や趣味について、簡単に教えてください。これらがドラえもんへの愛にどのように関連しているかも含めて。
5. X以外で活動しているSNSやウェブサイトがあれば、それも共有してください。ドラえもんに関連した活動をしている場合は特に。

ChatGPTからの質問に対して、私が次のように回答します。

ChatGPTへの回答

1. ドラえもんをつくるという活動をしているので、活動の発信をしています。人工知能を研究する研究者／大学教員なので、そういった目線からのポストをします。

2. ドラえもんとのび太の関係性が大好きです。例えば、「しょんぼりドラえもん」というお話があるのですが、なんでもうまくやれるドラミちゃんよりも、喧嘩ばかりしてしまうドラえもんを選ぶのび太の姿に感激します。

3. ドラえもんをつくるという未来だと思っています。ドラえもんのことも大好きだし、ドラえもんを好きな人のことも大好きなので、みんなが大好きなドラえもんが私たちのところにやってくるわくわくする未来を届けたいです。

4. 性格は、夢中になったことはなんでもとことんやるタイプです。ドラえもんをつくるという夢を、物心ついた時には既に持っていたのですが、31歳の今でも変わらず追いかけ続けています。

5. 私の研究室のWebページはこちらです。 https://osawa-lab.com/

すると、次のようなプロフィールを出してくれました。

ChatGPTがつくったプロフィール

AI研究者&大学教員。ドラえもんと未来を構築中。🤖💡のび太とドラえもんの関係に心打たれ、夢を追い続ける。みんながわくわくする未来を一緒に創りましょう！　詳細は https://osawa-lab.com/　#ドラえもんをつくる

ここでは「ターゲット」「目的」「シチュエーション」を設定し、その範囲で作成されたものを紹介しました。これをベースに自分で修正することもできますし、あるいは文章のトーンや雰囲気を「もっと◯◯な感じで直して！」と、さらにリクエストすれば、ChatGPTが修正してくれます。

プロフィールを一からつくるのは面倒だと思う人は、ChatGPTを活用すればその手間を減らすことができます。

また、もし作成されたプロフィールが**「そうじゃない！」と思うようなものだっ**

たとしても、それが起点となって、納得のいくプロフィールをつくるきっかけになるかもしれません。うまく活用してみてください。

あとがき

最後まで読んでいただき、ありがとうございます！

ここで私から、最後の自己紹介をしたいと思います。ありきたりですが「好きな本」について紹介します。

『ガンジス河でバタフライ』（たかのてるこ著／幻冬舎文庫）というエッセイをご存じでしょうか。長澤まさみさん主演で、スペシャルドラマにもなりました。

私はこの本が好きというか、自分の中でとても印象的な本なのですが、理由が明確にあります。私はこの作品をきっかけに、インドまで行って、ガンジス河でバタフライをしたことがあるからです。

もちろん、読んでこの本が好きだから、行動を起こしたというのもあるのですが、同じ読書体験をしたとしても、行動を起こしていなかったら、あえてここで名前をあげるほどにはならなかったかもしれません。

本書を通じて、自己紹介を考えることを通して、「過去に意味づけする」ということをお伝えしました。

私は『ガンジス河でバタフライ』を読んだ時に、人生が変わったわけではなく、実際にガンジス河でバタフライした時に、「この本を読んで人生が変わった」と後から意味づけしたのだと思います。

本書を読んでくださっているみなさんにとって、本を読んでいるのは「現在」。ですが、一度この本を閉じれば、本を読んだのは「過去」になります。

みなさんはこの本を読んだことに、どのような意味づけをしてくださるでしょうか。感想はまちまちだと思いますが、もしよければ、この本を読んだことを「意味のある過去」にしていただけたら、本当に嬉しいです!!

さて、そんなみなさんに一つ、この本を読んだ過去を「意味ある過去」にするために、起こすべき行動を提案したいと思います。今すぐ、自己紹介をしてみませんか?

ここまでお付き合いいただいたみなさんに申し上げるのは気が引けますが、素直に言います。残念ながら、本を読んだだけでは、自己紹介はうまくなりません。

本書を作るにあたって、担当編集者に「誰もがそれなりにうまく自己紹介ができるようになるフレームワークはありませんか？」と何度も問いただされたのですがそういうものはありません。この本を読んで、考えたり、自己紹介をしてみたり、あなた自身がとるアクションによってしか、自己紹介はうまくならないのです。

ただ、自己紹介がうまくなる方法が一つあります。

それは、仲間をつくり、自己紹介し合って、フィードバックし合ったりしながら、自己紹介を〝楽しむ〟ことです。

例えば、シチュエーションを決めてみんなで自己紹介をしてみるとか、1日1個キーワード自己紹介を試してみるとか。RINGSでは、新歓イベントのゲームとして、キーワード自己紹介を学生たちが取り入れるくらい、「遊び」として定着しています。ここで提案です！

SNSで、ハッシュタグをつけて、自己紹介を発信してみませんか？

例えば、次のような設定ではどうでしょうか。

ターゲット　あなたに関心を持つ人。

目的　この本を読んだ仲間がリプライを返してくれること。

シチュエーション　この本のこのページを読んでいる読者が、読みながらさっそくハッシュタグ「#じぶんの話をしよう」を検索して、あなたの自己紹介を見つける。

みなさんが自己紹介を投稿してくださった数が、私のこの自己紹介が成功したかどうかの指標になりますね。

「自己紹介を投稿してもらえるだろうか」とそわそわしますが、楽しみにしていますので、どうぞよろしくお願いいたします。

2024年4月

大澤正彦

◈著者略歴

大澤正彦〔おおさわ・まさひこ〕

1993年生まれ。日本大学文理学部准教授／次世代社会研究センター（ＲＩＮＧＳ）センター長。東京工業大学附属科学技術高校情報システム分野、慶應義塾大学理工学部情報工学科をいずれも首席で卒業。研究テーマはHuman-Agent Interaction(HAI)、全脳アーキテクチャなどを通した、人とかかわる汎用人工知能の実現。Forbes JAPAN「日本発『世界を変える30歳未満』30人」に選ばれる。著書に『ドラえもんを本気でつくる』（PHP新書）がある。夢はドラえもんをつくること。

◉編集協力　前田はるみ
◉装丁　山之口正和（OKIKATA）
◉図版　齋藤維吹

じぶんの話をしよう。
成功を引き寄せる自己紹介の教科書

2024年5月15日　第1版第1刷発行

著者　大澤正彦
発行者　永田貴之
発行所　株式会社PHP研究所
東京本部　〒135-8137　江東区豊洲5-6-52
ビジネス・教養出版部　☎03-3520-9619（編集）
普及部　☎03-3520-9630（販売）
京都本部　〒601-8411　京都市南区西九条北ノ内町11
PHP INTERFACE　https://www.php.co.jp/
本文デザイン・組版　齋藤稔（株式会社ジーラム）
印刷所
製本所　図書印刷株式会社

ISBN978-4-569-85705-3